GABRIELE PRASCHL-BICHLER

Historische Photographien

aus den Alben des Kaiserbruders
Erzherzog Ludwig Victor

GABRIELE PRASCHL-BICHLER

Historische Photographien

aus den Alben des Kaiserbruders Erzherzog Ludwig Victor

Mit 211 Abbildungen

AMALTHEA

Inhaltsverzeichnis

Über die Photosammlung Erzherzog Ludwig Victors

Erzherzog Ludwig Victor, der jüngste Bruder Kaiser Franz Josephs – ein eifriger Kunstsammler.

Aus welchem Grund sammelte ein Mensch des 19. Jahrhunderts – in der sogenannten *guten alten Zeit* – Bilder zu ausgefallenen und spektakulären Themen? Und warum ausgerechnet ein Erzherzog, ein Bruder Kaiser Franz Josephs? Zunächst, weil Sammeln zu den fürstlichen Eigenschaften, wenn nicht sogar zu den fürstlichen Pflichten gehörte. Denn bis in unser Jahrhundert wurden weder kulturelle Einrichtungen noch die Wissenschaft öffentlich gefördert. Es bedurfte der Unterstützung von privater Seite, um Kunst, Medizin und Forschung weiterzuentwickeln, selbst das Sozialnetz unterlag ausschließlich der Großzügigkeit einzelner Privatleute.

Die Prager Karlsbrücke vor dem Jahr 1890 …

… und die alleinstehenden Brückenpfeiler nach dem Einsturz im September 1890.

Wenn man aber von fürstlichen Sammlungen spricht, denkt man zuallererst an Galerien mit repräsentativen Porträts, Schlachten-, Landschafts- und Genrebildern. Niemand würde auf die Idee kommen, fürstliche Sammlungen mit Photokassetten und Alben in Verbindung zu bringen. Wieso eigentlich? Hauptsächlich wohl deshalb, weil man denkt, daß die Begriffe Kunst und Photographie im 19. Jahrhundert nichts oder nur wenig gemeinsam hatten. Ein anderer Grund mag damit zusammenhängen, daß man Kunstsammlungen seit mehreren hundert Jahren kennt, die Photographie aber »erst« seit 160 Jahren. Außerdem verbindet man sie, die im Zeitalter der industriellen Revolution geboren wurde, mit dem technischen Fortschritt, historischen Photos ordnet man bestenfalls Dokumentationswert zu.

Porträts von Kaiser Karl V. und Infantin Maria Theresia von Spanien, der späteren Ehefrau König Ludwigs XIV. von Frankreich. Bis ins 19. Jahrhundert kannte man bildhafte Darstellungen nur über die Vermittlung der Kunst.

Kunstvoll gefertigte Kupferstiche aus dem 18. Jahrhundert als Anleitung fürs praktische Leben: Eine Auswahl an Gartengeräten (oben) und die Erklärung, wie man Pflanzen umsetzt, hochzieht und gießt.

Doch zurück zu den »klassischen« Fürstensammlungen. Bei genauer Betrachtung erkennt man, daß diese nicht nur klassische Kunstgegenstände enthalten. Sie umfassen ebenso Bilder und Objekte, die Momentaufnahmen zeitgenössischen Fortschritts liefern. Berühmte Beispiele sind Leonardos technische Zeichnungen, Rembrandts »Anatomie des Dr. Tulp« oder die Kupferstichfolgen des 17. und 18. Jahrhunderts, auf denen die Bestellung der Landwirtschaft ebenso wie die Herstellung von Seide oder die Buchdruckerkunst bildlich erklärt werden.

Erzherzog Franz Carl, der Vater Kaiser Franz Josephs. Er starb 1878 und wurde als letzter Habsburger »dreigeteilt« bestattet.

Aber nicht einmal die ausgefallenen und spektakulären Inhalte sind eine »Erfindung« späterer Zeit. Denn schon Kaiser Rudolf II. trug seltene und kuriose Objekte zusammen, sowie seine Verwandten, Standesgenossen und deren Nachkommen Sammlungen von Reliquien anlegten. Die Idee, diese Knochen und Knochensplitter von Heiligen mit goldener Spitze zu umwickeln und in Kirchenvitrinen auszustellen, empfindet man heute ebenso abstoßend wie die Tatsache, daß Habsburger Leichname jahrhundertelang dreigeteilt wurden, um in Gefäßen und Särgen in drei verschiedenen Wiener Kirchen zur Schau gestellt zu werden: die Herzen in der Herzgruft der Augustinerkirche, die Eingeweide im Stephansdom und die Leichname in der Kapuzinergruft. Keine der Kirchen wollte auf die Attraktion verzichten, letzte Beherbergungsstätte der Kaiserfamilie zu sein.

Ungewöhnliche Naturaufnahmen wie der verwachsene Baum und stattliche Porträts zählten zu den beliebtesten Motiven der ersten Photosammler.

Vielleicht ist es jetzt leichter verständlich, daß ein Erzherzog des 19. Jahrhunderts nicht nur Photos zu historischen, sondern auch zu ausgefallenen Themen sammelte: Erstens, weil sich seine – und unser aller – Vorfahren für Außergewöhnliches begeisterten, und zweitens, weil sich die kurz zuvor erfundene Photokunst von Beginn an spektakulären Bildinhalten widmete. Sensationelle Naturaufnahmen, technische Erfindungen und Schnappschüsse aller Art zählten neben Porträts und Dokumentationsbildern zu den beliebtesten Motiven.
Die Aufnahmen konnte man in Kunst- und Buchläden erwerben. Es ist daher nicht weiter verwunderlich, daß das Sammeln von Photos von Anfang an eine beliebte Freizeitbeschäftigung wurde.

Obwohl die »Urphotographie«, die Daguerrotypie, bereits im Jahr 1839 in Frankreich erfunden worden war, dauerte es lange, bis sich die Technik allgemein durchsetzte. Das *Sich-ablichten-Lassen* kam in Mitteleuropa erst in den späten fünfziger Jahren in Mode und hier nur in den obersten Gesellschaftsschich-

Wer meinte, gesellschaftlich von Bedeutung zu sein, der ließ sich im Atelier eines Photokünstlers ablichten. Klassische Repräsentationsphotos aus dem 19. Jahrhundert: Der russische Staatsrat Seleczi und das Fürstenpaar Lobkowitz-Podstatzky.

ten, weil es mit enorm hohen Kosten verbunden war. Für eine Aufnahme zahlte man mehr als den doppelten Wochenlohn eines Handwerkers, eine Kamera kostete das Fünfzehn- bis Siebzigfache.

Ein Bild aus den frühesten Photoserien der österreichischen Kaiserfamilie: Kaiser Franz Joseph mit Ehefrau Elisabeth, Kindern, Eltern, Brüdern und Schwägerin.

Kaiser Franz Joseph im Kreis seiner Brüder, der Erzherzoge Ludwig Victor, Carl Ludwig und Ferdinand Maximilian.

Aus den späten fünfziger und frühen sechziger Jahren stammen die meisten Photos der österreichischen Kaiserfamilie, die zu jener Schicht gehörte, die sich diesen Aufwand leisten konnte. Ganz abgesehen davon, daß es schick und mondän war, sich photographieren zu lassen, erkannten die Habsburger sofort die Bedeutung des Mediums. Schon die ersten Familienporträts waren nicht nur für Alben, sondern auch für die Öffentlichkeit bestimmt. Sie konnten in Kunsthandlungen erworben werden und gelten als die ersten Autogramm- oder Pressebilder. Mit zunehmender Entwicklung des Mediums und immer kühner wer-

Ein Bild aus der »Werkstätte« Erzherzogin Maria Theresias: Kaiser Franz Joseph (2. v. re.) und sein Bruder Carl Ludwig (ganz li.), der Ehemann der Photographin, im Kreis von Verwandten am Tegernsee.

denden Photographen wurde die Kaiserfamilie auch immer photoscheuer, weshalb die offiziellen Termine bald wieder aufhörten. Allerdings wurde es bald Mode, selbst zur Kamera zu greifen. Fürsten, Erzherzoge, Prinzen, Grafen und Industrielle taten es. Ihnen verdanken wir die interessantesten Aufnahmen: Die langweiligen Repräsentationsphotos wurden von Schnappschüssen im Familienkreis abgelöst. Zu den habsburgischen Hobbyphotographen gehörten Mitglieder des Toskanazweiges der Familie sowie Schwägerin, Neffen und der jüngste Bruder Kaiser Franz Josephs, Erzherzog Ludwig Victor.

Alle Bilder dieses Bandes stammen aus dem Nachlaß Erzherzog Ludwig Victors. Sie enthalten Privataufnahmen, historisch bedeutende Photos und Bilder mit ungewöhnlichen Inhalten. Heute würde man letztere als »Sensationsphotos« bezeichnen, damals hatten sie keinen eigenen Namen. Der Grund, warum sie gemacht wurden, ähnelt dem, warum die Medien unserer Tage so gerne »Enthüllungsberichte« veröffentlichen: Um aus der unersättlichen Gier der Menschen nach Skandalen und Katastrophen Kapital zu schlagen. Ein zweiter Grund hängt

Zwei Tierbilder: der Hund »Friend« und Gräfin Julie Hoyos mit kleinen Hunden (von Erzherzog Ludwig Victor aufgenommen).

mit der *neuartigen Darstellung* der aufsehenerregenden Themen zusammen. Solange die Photographie noch nicht erfunden war, vermittelte allein die Kunst Ereignisse und Entwicklungen. Mit der Photographie war es zum ersten Mal möglich, Vorfälle und ihre Auswirkungen nahezu naturgetreu zu zeigen. Die Menschen gierten geradezu danach. Sie wollten alles, *wirklich alles*, bildlich dargestellt bekommen, Katastrophen, Unglücksfälle und Abartigkeiten jeder Art so nah wie möglich betrachten.

Das realistische Ausmaß eines Zugunglücks (im Jahr 1891), wie es erst die Kamera festhalten konnte.

Im Unterschied zu den Bildern, die man aus den heutigen Medien kennt, erscheinen die Photos aus der Sammlung Erzherzog Ludwig Victors ästhetisch. Die Photographen seiner Zeit wollten nicht nur sensationelle, sondern auch künstlerisch anspruchsvolle Aufnahmen herstellen. Man bezeichnete sie als »Maler nach der Natur«, ihr Beruf zählte zu den Künstlerberufen. Was immer sie bewo-

Mit der Photographie war es zum ersten Mal möglich, Vorfälle und ihre Auswirkungen nahezu naturgetreu zu zeigen.

gen haben mag, die Bilder dieses Bandes für die Ewigkeit festzuhalten, sie haben damit Photogeschichte geschrieben. Ihre Aufnahmen stammen nicht nur aus der Frühzeit der Photokunst, sie bieten darüber hinaus einen tiefen Einblick in den außergewöhnlichen Alltag des 19. Jahrhunderts.

Schneehölle in Mariazell.

»Stephansfreiheit« – Abriß eines Hauses, das den Dom in Wien verdeckte (1896).

Erzherzog Ludwig Victor, ein aussergewöhnlicher Habsburger

Aus dem Leben des jüngsten Kaiserbruders

Franz Joseph mit seinen beiden ältesten Brüdern Ferdinand Maximilian und Carl Ludwig (um 1834).

Als Erzherzog Ludwig Victor im Jahr 1842 zur Welt kam, wurde er von seinen Eltern und den drei älteren Brüdern – dem zwölfjährigen Franz Joseph, dem zehnjährigen Ferdinand Maximilian und dem neunjährigen Carl Ludwig – schon freudigst erwartet. Die kaiserliche Familie dieser Epoche war besonders kinderlieb, wenn nicht sogar »kindernärrisch«. Alles richtete sich nach den jungen Prinzen, alles drehte sich um sie, der Tagesplan war speziell nach ihren

Erfordernissen ausgerichtet. Und auch die Kinder selbst hegten eine innige Liebe zueinander: Die Jüngeren verehrten die älteren Geschwister, die Großen verwöhnten die Kleinen, und Babies hatten einen besonderen Stellenwert. Man durfte sie küssen und streicheln und dabei zusehen, wenn sie angezogen und gefüttert wurden. Es ist also nicht weiter verwunderlich, daß der neue Säugling innerhalb kürzester Zeit Mittelpunkt des Kaiserhaushaltes wurde.

Die Erzherzoge Franz Joseph, Ferdinand Maximilian und Carl Ludwig im Jahr 1844. Sie sind ohne ihren jüngsten Bruders Ludwig Victor dargestellt, der zur Zeit der Aufnahme zwei Jahre alt war.

Ludwig Victors Eltern, Erzherzog Franz Carl, ein Bruder Kaiser Ferdinands I., und Erzherzogin Sophie, eine Tochter König Maximilians I. von Bayern, waren zum Zeitpunkt seiner Geburt achtzehn Jahre glücklich verheiratet und hatten das beträchtliche Alter von vierzig beziehungsweise siebenunddreißig Jahren erreicht. Daß ihre Ehe so harmonisch verlief (was in diesen Gesellschaftskreisen äußerst selten vorkam), hatte niemand erwartet, am wenigsten wohl Sophie selbst, die Erzherzog Franz Carl nur deshalb geheiratet hatte, weil ihre Familie sie dazu gedrängt hatte. Freiwillig hätte sie den Habsburger niemals zum Mann genommen.

Erzherzogin Sophie, geborene Prinzessin von Bayern, und ihr Ehemann, Erzherzog Franz Carl, die Eltern Ludwig Victors (in den sechziger Jahren des vorigen Jahrhunderts).

Ganz anders war es Erzherzog Franz Carl ergangen. Er hatte sich während einer Familienzusammenkunft augenblicklich in die hübsche bayerische Prinzessin verliebt und wußte sofort, daß nur sie seine Frau werden konnte. Sophie hatte seine Verliebtheit gar nicht bemerkt, ihr war der etwas linkisch auftretende, schüchterne und leider nicht sehr gutaussehende Mann wenig aufgefallen. Und selbst, wenn er ihr auf Anhieb sympathisch gewesen wäre, hätte sie nie daran gedacht, sich in ihn zu verlieben oder gar zu heiraten, da sie das Leben im Kreis ihrer Familie so sehr genoß. Sie hegte eine innige Liebe zu ihrer Mutter und ihrer eineiigen Zwillingsschwester Marie und konnte sich nicht vorstellen, die beiden irgendwann zu verlassen.

Erzherzogin Sophie (re.) und ihre eineiige Zwillingsschwester Marie, Königin von Sachsen.

Kaiser Ferdinand I., der älteste Bruder Erzherzog Franz Carls, von dem man in den zwanziger Jahren dachte, daß er regierungsunfähig sei.

Der Erzherzog aber, der bis dahin scheu im Hintergrund seiner Familie gelebt hatte, wurde durch seine Liebe zu Sophie plötzlich unternehmungslustig. Ständig reiste er von Wien nach München, um ihr nahe zu sein. Er schickte ihr Geschenke und schrieb ihr zärtliche Briefe, die sie höflich beantwortete, ohne die Absicht seiner Anstrengungen zu erraten. Franz Carl aber fühlte sich von den freundlichen Worten der bayerischen Prinzessin bestätigt und hielt rasch um ihre Hand an. Das hatte Sophie weder gedacht noch erwartet. Sie war darüber so verzweifelt, daß sie sich von allen Freunden verabschiedete, als ob sie sterben müßte. Bei der Vorstellung, fern der Familie mit einem Mann zu leben, der ihr nicht gefiel und den sie nicht einmal besonders gut kannte, verzweifelte sie. Nun, da der Antrag ausgesprochen war, konnte er nicht so einfach rückgängig gemacht werden. Denn der Erzherzog war eine der besten Partien Europas. Er stand – als mutmaßlich übernächster Kaiser – an zweiter Stelle der österreichischen Thronfolge. Manche handelten ihn sogar als nächsten Regenten, da man nicht wußte, ob sein ältester, kranker Bruder Ferdinand je in der Lage sein würde, die Staatsgeschäfte zu lenken.

Der Zeitpunkt der Hochzeit rückte näher. Die bayerische Königsfamilie rüstete zur Reise nach Wien, um die unglückliche Sophie ihrem Bräutigam zu übergeben. In Gesellschaft ihrer Eltern und Geschwister fühlte sie sich zumindest so sicher, daß sie die Zusammenkünfte mit der neuen Schwiegerfamilie natürlich und entspannt bewältigte. Außerdem war sie überrascht, daß sie in Wien nicht nur freudig erwartet wurde, sondern daß sie die Habsburger auch sofort sehr herzlich in ihrer Mitte aufnahmen. Selbst der Bräutigam, der sich in seiner Heimat viel sicherer bewegte, gewann bei näherer Betrachtung. Abgesehen davon bemühte er sich redlich, seine Braut an die neue Umgebung zu gewöhnen. Um ihr das Leben in der Fremde zu erleichtern, dachte sich der liebevolle Mann permanent Überraschungen aus. Er kaufte heimlich Kleider, Mäntel, Schmuck und Ziergegenstände für sie, überhäufte sie mit Liebe und Zärtlichkeit und erreichte, was ein paar Wochen zuvor niemand für möglich gehalten hätte: Sophie verliebte sich in ihren künftigen Ehemann.

Unter so günstigen Voraussetzungen geriet die Ehe bald zu einer der glücklichsten Habsburger Verbindungen. Das junge Paar liebte und schätzte sich und hegte bald nur noch einen Wunsch – so schnell wie möglich von einer fröhlichen Kinderschar umgeben zu sein. Doch gerade dieser Wunsch wurde ihm lange Jahre versagt: Erzherzogin Sophie erlitt während der ersten Ehejahre fünf Fehlgeburten. Erst nach etlichen Kuren, von denen sie die letzte und erfolgreichste in Bad Ischl ableistete, gelang es ihr, die sechste Schwangerschaft ohne Komplikationen zu Ende zu führen: Im August des Jahres 1830 erblickte der erste Sohn das Licht der Welt – Franz Joseph, der spätere Kaiser.

Sophie mit dem Baby Franz Joseph (nach einem Gemälde von Stieler), auf das sie so lange hatte warten müssen.

Nach weiteren Ischler Kuren folgten rasch aufeinander die Söhne Ferdinand Maximilian und Carl Ludwig und im Jahr 1835 die einzige Tochter Maria Anna. »Ännchen«, so wurde das kleine Mädchen von seiner Mutter genannt, war ein kränkliches Kind und starb – zur Verzweiflung seiner Eltern – im Alter von nur viereinhalb Jahren. Erzherzogin Sophie brauchte lange, um den Verlust dieses Kindes zu verwinden. Ein kleiner Sohn, mit dem sie zum Zeitpunkt des Todes der Tochter schwanger war, kam ein paar Monate später tot zur Welt. Als sie nach zwei Jahren noch einmal ein Kind erwartete, sammelte sie all ihre Kraft, um diese elfte und letzte Schwangerschaft glücklich zu Ende zu bringen: Im Mai 1842 erblickte Ludwig Victor das Licht der Welt – jener Erzherzog, der als Erwachsener ein so begeisterter Kunst- und Photosammler wurde und dem dieses Buch gewidmet ist.

Ischl um die Mitte des 19. Jahrhunderts: Nach den erfolgreichen Kuren Erzherzogin Sophies wurde der Ort der beliebteste Sommeraufenthaltsort der Kaiserfamilie.

Es ist nicht weiter verwunderlich, daß Erzherzogin Sophie nach dem Verlust von zwei Kindern diesem kleinen Sohn ihre ganze Aufmerksamkeit widmete. Sie war eine »närrisch verliebte« Mutter, die es nicht über sich brachte, sich von ihren Kleinen zu trennen und sich deshalb sogar über die herrschenden Erziehungsmaßnahmen hinwegsetzte. Anstatt ihre Kinder von Gouvernanten aufziehen zu lassen, betreute Sophie ihre Söhne in der Regel selbst. Bis die Kinder die Schulreife erlangten, verbrachten diese den Großteil des Tages mit ihren Eltern. Gemeinsame Ausflüge, Spaziergänge, Besuche von Theateraufführungen und Ausstellungen zählten zu den beliebten Vergnügungen.

Sophie mit ihrem Ehemann Erzherzog Franz Carl (li. außen) und den vier ältesten Kindern im Kreis der Kaiserfamilie.

Die Kleine Galerie in Schloß Schönbrunn, in der Ludwig Victor und seine Brüder als Kinder herumtollten.

Obwohl man den kleinen Erzherzogen im öffentlichen Leben gutes Benehmen abverlangte, durften sie sich im Familienkreis frei und ungezwungen bewegen. Sie wurden niemals aus den Zimmern der Erwachsenen verbannt. Wenn ihre Eltern Akten bearbeiteten, beschäftigten sich die Kinder neben oder unter deren Schreibtischen. Es kam nicht selten vor, daß sie ihre Mutter oder ihren Vater bei der Arbeit unterbrachen – worauf sich vor allem Ludwig Victor spezialisiert hatte. Sobald er sich langweilte, erklomm er den Schreibstuhl seiner Mutter und turnte so lange auf der Armlehne herum, bis sie die Arbeit aufgab und sich nur noch ihm widmete.

Sehr viel Zeit verbrachte Erzherzogin Sophie mit dem kleinen Ludwig Victor, der wie die früh verstorbene Tochter ständig kränkelte. Unzählige Infektionen und Unfälle fesselten ihn wochenlang ans Bett, das seine Mutter niemals verließ. Das unterschied sie von ihren Standesgenossen, denn Kranke wurden in diesen Tagen ausschließlich von Krankenschwestern versorgt. Die Erzherzogin aber übernahm die Pflege innerhalb der Familie selbst und begab sich mit den ansteckend Kranken sogar in wochenlange Quarantäne. Das galt für die Masern des Ehemannes ebenso wie für den Scharlach und die Grippeerkrankungen der Kinder. Und wenn der kleine Ludwig Victor an Weihnachten bettlägerig war, verlegte seine Mutter das Fest kurzerhand auf den Tag, an dem er das Krankenlager wieder verlassen durfte.

Erzherzogin Sophie setzte – gegen die herrschenden Regeln der Gesellschaft – eine bürgerlich-familiäre Erziehung ihrer Kinder durch.

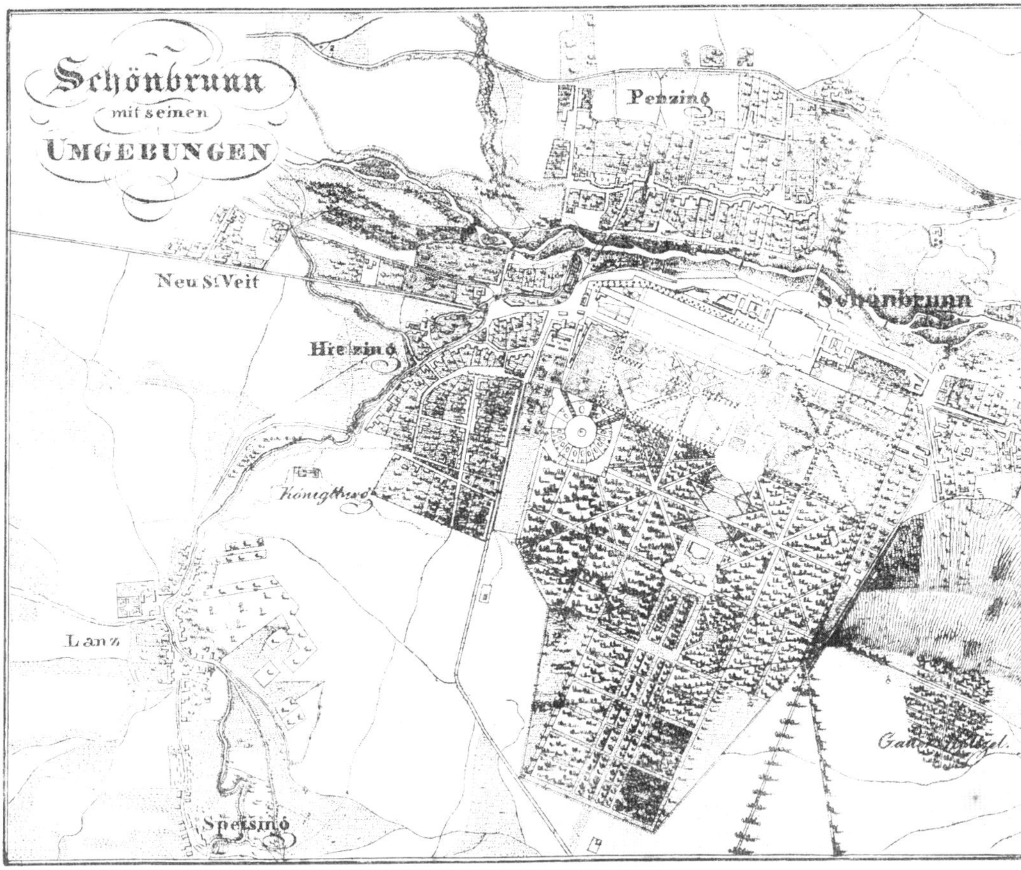

Ein Plan von Schloß Schönbrunn und seinem Park: Rechts oben, im sternförmig angelegten Teil, hatten die jungen Erzherzoge ihren Spielplatz. Sie besaßen dort eine eigene kleine Landwirtschaft, wo sie Schafe, Hasen und Hühner halten durften.

Diese herzliche Familienatmosphäre übertrug sich natürlich auf die Geschwister. Die drei »großen« Brüder, die alles gemeinsam unternahmen, liebten den Nachzügler, für den sie sich ununterbrochen neue Kosenamen und Überraschungen einfallen ließen. Sie riefen ihn »Hetzi«, »Bubi« oder »Lutziwutzi«, kauften ihm von ihrem Taschengeld Spielzeug oder kleine Tiere und veranstalteten Maskeraden für ihn. Er »bedankte« sich bei ihnen, indem er sie bei ihren Hausarbeiten unterbrach, von denen sie sich wie alle Kinder nur allzugern ablenken ließen.

»Hetzis« besondere Liebe galt dem um zwölf Jahre älteren Bruder Franz Joseph. Er war sechs Jahre alt, als dieser Kaiser von Österreich wurde, und – ohne zu verstehen, welche Pflichten und Aufgaben damit verbunden waren – liebte Ludwig Victor diese neuerlangte Würde. Er spürte, daß sie Franz Joseph zu einem bedeutenden und mächtigen Mann gemacht hatte. Alle Menschen fragten den Bruder um Rat, baten ihn um seine Unterstützung und sprachen dabei in einem feierlichen Ton. Das gefiel dem kleinen Jungen so gut, daß er sich von ihm etwas wünschte. Er wollte allein mit ihm ins Theater gehen, neben ihm sitzen dürfen, um aller Welt zu zeigen, wie nah er dem Kaiser stand. Franz Joseph erfüllte ihm diesen Wunsch, der einen solchen Erfolg hatte, daß ihn der kleine Bruder gar nicht mehr verlassen wollte.

Franz Joseph (um die Zeit, als er Kaiser wurde) und sein Bruder Ludwig Victor im Alter von etwa vierzehn Jahren.

Der etwa 14jährige Erzherzog Ludwig Victor mit seinen Erziehern Major Wittek, Conte Bolza und mit Domherrn Novany (aquarellierte Photographie).

Als Ludwig Victor ins Schulalter kam, mußte er nach den Vorschriften des österreichischen Kaiserhauses ein dichtes Lehrprogramm bewältigen. Die Erzherzoge wurden vormittags und nachmittags unterrichtet, acht bis zehn Stunden pro Tag, und aßen – um den Kontakt mit Lehrern und Erziehern zu verstärken – gemeinsam mit ihnen zu Mittag. Das bedeutete, daß sie die Eltern ab diesem Zeitpunkt nur noch abends und an den Wochenenden sahen. Ludwig Victor vermißte seine Mutter, die ihn bis dahin immer bei sich gehabt hatte. Aber er war ein munteres Bürschchen, das von klein auf durch originelle Einfälle auf sich aufmerksam machte, und es dauerte nicht lange, bis die Lehrer seinem Charme unterlagen. Dadurch unterschied er sich wesentlich von seinen Brüdern, die vor dem Erziehungspersonal viel zu viel Respekt hatten, als daß sie mit ihnen so locker wie er umgegangen wären.

Erzherzog Ludwig Victor (2. v. re.) mit seiner Mutter (Mitte sitzend) und Gefolgsleuten anläßlich eines Aufenthalts in Zürich (1863).

Daß Ludwig Victor so selbstsicher und altklug auftrat, hing damit zusammen, daß er als Nachzügler kein im Alter ähnliches Kind um sich hatte und stets in Gesellschaft von Erwachsenen war. Als Gesprächspartner von Eltern, Onkeln und Tanten entwickelte er sich zu einem frühreifen, witzigen Unterhalter, der sich innerhalb der Familie zeit seines Lebens eine Sonderstellung bewahrte. Neben seinem ältesten Bruder Franz Joseph bildete er den Mittelpunkt des kaiserlichen Haushaltes, was übrigens jedes neu hinzugekommene Mitglied anzuerkennen hatte.

Kaiser Franz Joseph und seine Brüder Ferdinand Maximilian, Carl Ludwig und Ludwig Victor aus der berühmten Photoserie der sechziger Jahre: oben eine formelle Version des Bildes, unten eine ungezwungene Variante.

Kaiserin Elisabeth mit ihren Hofdamen auf Madeira (1859).

Zu diesen Neuankömmlingen in der Kaiserfamilie gehörten die einheiratenden Schwägerinnen, Prinzessin Charlotte von Belgien – nachmalige Kaiserin von Mexiko – und Prinzessin Elisabeth von Bayern, die spätere Kaiserin von Österreich. Und ausgerechnet sie, die 1854 den ältesten der Brüder, Franz Joseph, geheiratet hatte und sich kaum je einem Familienmitglied näherte, befreundete sich mit Erzherzog Ludwig Victor. Er war von Anfang an der erklärte Lieblingsschwager, mit dem sie viele Leidenschaften teilte. Beide sammelten Photos, lieb-

Die Kaiserin mit ihrer Schwester Helene, Erbprinzessin von Thurn und Taxis, auf Korfu (1861).

ten Familienklatsch und hatten einen ausgeprägten Sinn für Ulk und Tollereien. Selbst als Elisabeth ab Ende der fünfziger Jahre Wien und die Familie für immer längere Zeit verließ, hielt die sonst schreibfaule Frau mit diesem Schwager brieflichen Kontakt. Über ihn ließ sie Weihnachts- und Geburtstagswünsche ausrichten, über ihn ließ sie Photos bestellen und Besorgungen erledigen. Er war der Verwalter ihrer Wiener Geschäfte.

Elisabeths Schwager, Erzherzog Ferdinand Maximilian, ein Träumer und Schwärmer – der wahre Seelenverwandte der Kaiserin.

Erst bei ihrer ersten Reise nach Italien lernte Kaiserin Elisabeth einen anderen Schwager schätzen, der ihr im Charakter noch mehr ähnelte als der selbstzufriedene Ludwig Victor. Der damals in Triest stationierte Erzherzog Ferdinand Maximilian entpuppte sich als Elisabeths wahrer Seelenverwandter. Wie sie unterlag er Gemütsschwankungen, wie sie lebte er in einer versponnenen Gedankenwelt, dichtete heimlich, geriet leicht ins Schwärmen und fühlte sich von der Umwelt unverstanden.

Die beiden teilten aber auch eine viel »erdverbundenere«, nüchternere Leidenschaft: Ferdinand Maximilian und Elisabeth waren zwei ausgesuchte Kuppler, die versuchten, für ihre nächsten Verwandten Ehepartner ausfindig zu machen. Und weil ihnen beiden das Schicksal Ludwig Victors am Herzen lag, war er bevorzugter »Gegenstand« ihrer Heiratsprojekte. Da ihn aber jeder in seiner Nähe wissen wollte, liefen ihre Ideen weit auseinander. Als Ferdinand Maximilian nach Südamerika zog, um den Thron von Mexiko zu besteigen, hatte er für den jüngsten Bruder rasch eine brasilianische Prinzessin als Ehefrau bereit. Er wollte gemeinsam mit Ludwig Victor ein mächtiges Habsburger Reich in der Neuen Welt erstehen lassen.

Hier endete Ferdinand Maximilians südamerikanischer Traum: Der Platz, wo er 1867 als Kaiser von Mexiko standrechtlich erschossen wurde.

Kaiserin Elisabeth hatte für Ludwig Victor andere Pläne. Sie wollte den jüngsten Schwager mit einer ihrer Schwestern verheiraten. Um zu ermessen, wie einmalig und erstaunlich diese Idee war, muß man darauf hinweisen, daß Elisabeth zeit ihres Lebens ihre Geschwister mehr liebte als ihren Ehemann und daß sie die Gesellschaft der Brüder und Schwestern ungern mit jemandem teilte. Stän-

Der unglückliche Ausgang des »mexikanischen Traums«, wie ihn ein zeitgenössischer Maler sah.

Um 1861/62: Erzherzog Ludwig Victor mit seiner Schwägerin Elisabeth und drei ihrer Geschwister (li. Erzherzog Ludwig Victor mit der vorgesehenen Braut Sophie).

dig war sie mit ihnen auf Reisen, unterhielt sich in einer Geheimsprache und tauschte Geheimnisse mit ihnen aus, in die nicht einmal Kaiser Franz Joseph eingeweiht wurde. Am sonderbarsten scheint dabei, daß sie sich mit dem Ehemann niemals allein photographieren ließ, während es mehrere Photoserien von ihr mit ihren Geschwistern gibt. Wenn man darüber hinaus weiß, daß Elisabeth die Habsburger generell verachtete, ist es um so verwunderlicher, daß sie den Schwager in »ihre« Familie miteinbezog, ja daß sie ihn sogar mit ihrer Schwester Sophie verheiraten wollte.

Eine seltene Aufnahme: Erzherzog Ludwig Victor vor Kaiserin Elisabeth sitzend.

Trotz der hohen Ehre, die der Vorschlag Kaiserin Elisabeths darstellte, lehnte Ludwig Victor ihn – wie den seines Bruders – dankend ab. Bei seiner Schwägerin schadete er sich damit sehr, und es scheint, als hätte er mit dieser Absage ihre Freundschaft verspielt. Denn die Kaiserin begann, den Schwager zu hassen, steigerte – wie in ihrem »Poetischen Tagebuch« nachzulesen ist – dieses Gefühl bis zu einer Todesverachtung und hielt diesen Haß bis an ihr Lebensende durch. Ihr Verhalten ist deshalb merkwürdig, weil sie die Unnachgiebigkeit anderer Menschen prinzipiell verurteilte. Doch sie selbst blieb in dieser Sache erbarmungslos und war nie mehr bereit einzulenken.

Erzherzog Ludwig Victor mit Elisabeths Schwestern Mathilde und Maria. Obwohl er die Zuneigung der Kaiserin verwirkt hatte, blieb er ein Leben lang mit ihrer Mutter und ihren Geschwistern befreundet.

Wie zu Beginn erwähnt, war Erzherzog Ludwig Victor der einzige unter seinen Geschwistern, der sich für Kunst interessierte. Im Unterschied zu ihnen besuchte er regelmäßig Theaterveranstaltungen, Ballettaufführungen und Ausstellungen und sammelte Antiquitäten, Porzellan und Gemälde.

Interieuransichten von Schloß Klesheim (o. u. re.), die die Sammelleidenschaft des Erzherzogs dokumentieren.

Die Leidenschaft für Kunst hatte Ludwig Victor von seiner Mutter, Erzherzogin Sophie, übernommen, die ebenfalls gerne Opern und Theateraufführungen besuchte und die in der Hofburg und in Schönbrunn literarische Abende und Konzerte veranstaltete. Dafür konnte sie die berühmtesten Schauspieler, Sänger und

Halle in Klesheim mit zahlreichen Sammelobjekten.

Schriftsteller ihrer Zeit gewinnen: Hans Christian Andersen erzählte seine Märchen bei Hof, Jenny Lind sang für die Kaiserfamilie, und etliche Burgschauspieler lasen allein für die Erzherzogin und ihre Damen. Sie förderte junge Talente und ermöglichte ihnen erste Auftritte, die sie aus ihrer Privatschatulle bezahlte. Außerdem war sie eine leidenschaftliche Kunstsammlerin: Zu Geburtstagen und an Weihnachten erbat sie sich hauptsächlich Bilder als Geschenke. Aber auch ihr Ehemann, Erzherzog Franz Carl, der Opern, Ballette und Schauspiele liebte, war ein eifriger Förderer der heimischen Kulturszene. Ihm verdankte der oberösterreichische Kurort Ischl den regelmäßigen Betrieb seines Theaters. Ohne seine langjährige Privatunterstützung wären dort nur wenige Stücke zur Aufführung gekommen.

Schloß Schönbrunn, wo Erzherzogin Sophie Konzerte und literarische Abende für die Familie veranstaltete.

Kaiser Franz Joseph und sein Bruder Erzherzog Ferdinand Maximilian konnten dem Kunst- und Kulturleben der österreichisch-ungarischen Monarchie nur wenig Positives abgewinnen.

Sonderbarerweise hatte sich das starke kulturelle Interesse der Eltern ausschließlich auf Erzherzog Ludwig Victor übertragen. Die drei anderen Söhne zeigten wenig Neigung in diese Richtung. Kaiser Franz Joseph war sogar ein richtiger »Kulturmuffel«. Konzerte und Ausstellungen besuchte er nur, wenn er durch offizielle Termine dazu gezwungen war. Privat ging er hin und wieder ins Theater, allerdings nur in heitere Boulevardstücke. Und selbst die verließ er – weil er nicht gern lange aufblieb – spätestens nach dem zweiten Akt. Sein Bruder Erzherzog Ferdinand Maximilian, der sehr zurückgezogen lebte, kam oft nicht einmal den offiziellen Kulturterminen nach. Die Zeit zu Hause verbrachte er philosophierend und mittelmäßige Gedichte schreibend.

Bleibt Erzherzog Carl Ludwig, der drittälteste der Brüder, der sich freiwillig auch niemals mit Kunst beschäftigt hätte. Allerdings wurde er oft gebeten, Schirmherrschaften für die verschiedensten kulturellen Projekte zu übernehmen, weshalb ihm die Auseinandersetzung damit nicht erspart blieb. Er verbrachte seine Tage am liebsten daheim, im Kreis seiner Familie, wo er wie Kaiser Franz Joseph vorzugsweise Akten aufarbeitete.

Der Familienmensch Erzherzog Carl Ludwig mit seiner zweiten Ehefrau Maria Annunziata und den zwei ältesten Söhnen Franz Ferdinand und Otto, und (re.) aus späterer Zeit das »Familiengespann«: die dritte Ehefrau, Erzherzogin Maria Theresia, mit den vier jüngeren Kindern Erzherzog Carl Ludwigs.

Die Villa Hermes im Tiergarten von Lainz (li.), die Wiener Privatresidenz Kaiser Franz Josephs, und (re.) der Thronsaal von Schloß Miramare bei Triest, das sein Bruder Ferdinand Maximilian erbauen ließ.

Gerechterweise muß man hinzufügen, daß sich alle vier Brüder für Architektur interessierten. Sie waren leidenschaftliche Bauherren, in deren Auftrag eine Menge Residenzen renoviert und neu errichtet wurden. So hinterließ Kaiser Franz Joseph seine gestalterische Handschrift an der Wiener und der Budapester Hofburg, an etlichen Jagdhäusern und an der Villa in Ischl, die ihm seine Mutter zur Hochzeit geschenkt hatte, außerdem ließ er die an der Stadtgrenze von

Wien liegende Villa Hermes erbauen. Auf seinen Bruder, Erzherzog Ferdinand Maximilian, ist der Bau von Schloß Miramare bei Triest zurückzuführen, für das er, als er Kaiser von Mexiko wurde, sogar einen eigenen Thronsaal entwarf. In Mexiko selbst ließ er den Kaiserpalast großzügig umgestalten, im historischen Park Montezumas das Lustschloß Chapultepec und in Cuernavaca eine private Sommervilla errichten.

Der dritte Bruder, Erzherzog Carl Ludwig, hatte zunächst Schloß Ambras in Tirol und die nebeneinanderliegenden niederösterreichischen Schlösser Persenbeug und Artstetten restaurieren und modernisieren lassen. Später wurde er wie seine Brüder von der Baulust der Gründerzeit erfaßt und ließ zwei für die Epoche

Zwei Wohnsitze Erzherzog Carl Ludwigs: Schloß Persenbeug an der Donau …

typische Residenzen errichten: das heute nicht mehr bestehende Familienpalais an der Wiener Favoritenstraße (auf ihn ging der straßenseitig gelegene Gebäudeteil zurück, der an eine spätbarocke Anlage angebaut und während des Zweiten Weltkriegs zerstört wurde) und Schloß Wartholz in Reichenau an der Rax.

... und die Villa Wartholz in Reichenau an der Rax.

Treppenaufgang von Schloß Klesheim (mit dem Gemälde der Mutter, Erzherzogin Sophie).

Wie seine Brüder war Erzherzog Ludwig Victor als Erhalter und Neugestalter tätig. Seine Wohnsitze lagen in Wien und in Salzburg, später hatte er in Landl in Tirol ein Jagdhaus. Wenn sich der Erzherzog in Wien aufhielt, wohnte er wie die meisten Familienmitglieder der kaiserlichen Linie in der Hofburg, in Salzburg stand ihm ab 1861 Schloß Klesheim zur Verfügung. Allerdings war die von Johann Bernhard Fischer von Erlach erbaute ehemalige fürsterzbischöfliche Residenz wegen verschiedener technischer Mängel anfangs nur im Sommer zu bewohnen, im Winter zog der Erzherzog, wenn er sich in Salzburg aufhielt, zu seiner Großmutter, Kaiserin Caroline Auguste, in die innerstädtische Residenz. Erst als Kaiser Franz Joseph Schloß Klesheim zur Entlastung der Staatskasse im Jahr 1866 aus dem Ärar herauslöste und in den Besitz seines Bruders übertrug, wurde es umgebaut und modernisiert.

In Wien hatte Erzherzog Ludwig Victor um die Mitte der sechziger Jahre am Schwarzenbergplatz mit dem Bau eines eigenen Palais begonnen, der ebenfalls in direktem Zusammenhang mit einem kaiserlichen Beschluß stand. Nachdem Franz Joseph in den fünfziger Jahren die alten Stadtmauern und Basteien rund um die Innenstadt hatte schleifen lassen, plante man, den gewonnenen Platz mit exklusiven Privatresidenzen und Zinshäusern zu verbauen. Entlang einer neu angelegten Allee wuchsen die für die Zeit typischen neogotischen, Neorenaissance- und neobarocken Gebäude empor, die das Bild dieser Straße in Hinkunft

Gartenfront des Jagdhauses in Landl in Tirol.

prägten. Wie der häufige Gebrauch der Vorsilbe »Neo« beweist, erschöpfte sich die Architekturrichtung dieser Tage darin, vorhandene Stile nachzuahmen, mitunter sogar mehrere an einem Gebäude zu vereinen. In der europäischen Kunstgeschichte faßt man diese Entwicklung unter dem Begriff *Historismus* zusammen, in Wien hat diese wenig einfallsreiche Kunstrichtung einen eigenen Namen erhalten: Sie heißt bis heute nach der Straße, an der die vielen neuen Gebäude entstanden – »Ringstraßenstil«.

Kaiser Franz Joseph, der »Architekt« des Historismus: Nachdem er die Basteien rund um die Innenstadt hatte schleifen lassen, gab er den neugewonnenen Platz zur großzügigen Verbauung in Auftrag.

Ein Altersbild Herzog Philipps von Württemberg, des Erbauers des württembergischen Palais (heute: Hotel Imperial), aufgenommen von Erzherzog Ludwig Victor.

Kaiser Franz Joseph wurde bei seinem Bauvorhaben von etlichen Industriebaronen, aber auch von vielen seiner Verwandten unterstützt. Sein Bruder, Erzherzog Ludwig Victor, sein Onkel, der Hoch- und Deutschmeister Erzherzog Wilhelm, und ein angeheirateter Vetter, Herzog Philipp von Württemberg, begannen, an der Ringstraße Residenzen zu errichten. Fast gleichzeitig entstanden das Palais Erzherzog Ludwig Victor (mit der Hauptfront zum Schwarzenbergplatz), das Deutschmeisterpalais (am Parkring) und das herzoglich-württembergische Palais (am Kärntner Ring). Alle drei Gebäude haben zwar die Weltkriege überdauert, in den Stadtplänen sind sie aber trotzdem nicht leicht ausfindig zu machen. Sie haben mit ihren Besitzern ihre ursprünglichen Namen verloren und sind heute als Dependance des Burgtheaters, als Gebäude des »Opec Fund for International Development« und als Hotel Imperial verzeichnet.

Herzog Philipp von Württemberg scheint an seinem Ringstraßenpalais keine besondere Freude gehabt zu haben. Nur wenige Jahre nach Fertigstellung verkaufte er es, worauf das Gebäude 1873 anläßlich der Weltausstellung in Wien zu einem Hotel umgestaltet wurde. Das nächste Bauvorhaben führte den Herzog ins oberösterreichische Salzkammergut. Er hatte am Traunsee ein auf einem Hügel gelegenes Grundstück erworben und ließ dort ein schloßartiges Gebäude errichten: die nach seiner Frau benannte »Villa Maria Theresia«, besser bekannt als »Schloß Württemberg«, in dem heute eine Schule untergebracht ist.

Kaffee auf der Loggia der Villa Maria Theresia am Traunsee: die Herzogin von Württemberg und ihre Kinder (Photo von Erzherzog Ludwig Victor).

Erzherzog Ludwig Victor war mit den Württembergern besonders gut befreundet, und es ist kein Zufall, daß er den Bauplatz für sein Wiener Palais in der Nähe der herzoglich-württembergischen Residenz gesucht hatte. Maria Theresia, die Ehefrau des Herzogs, war eine Tochter Erzherzog Albrechts und eine Spielgefährtin aus Kindertagen. Der Kontakt zu ihr und ihrer Familie riß selbst nicht ab, als die Württembergs ihre Österreich-Residenz ins Salzkammergut verlegten. Denn von dort war es nicht weit nach Salzburg, wo Erzherzog Ludwig Victor seinen Zweitwohnsitz hatte. Schloß Klesheim war der Hauptanziehungspunkt der Familientreffen, es verfügte schon damals über einen Tennisplatz und einen Swimmingpool mit Badehaus.

Nachmittagskaffee auf der Terrasse von Schloß Klesheim (mit der strickenden Herzogin von Württemberg).

Sensationelle Schnappschüsse am Klesheimer Swimmingpool: Erzherzog Ludwig Victor und zwei Württemberger Prinzen in Badekleidern.

Obwohl Schloß Klesheim gerne als kaiserlicher Verbannungsort Ludwig Victors gehandelt wird, lebte er dort freiwillig und gesellschaftlich uneingeschränkt: der Erzherzog im Kreis von Freunden im Schloßpark (mit Prinz Ferdinand Coburg, dem späteren König der Bulgaren).

An dieser Stelle ist es einmal nötig, zu dem Gerücht Stellung zu nehmen, daß Kaiser Franz Joseph seinen Bruder, der in eine Prügelei unter Homosexuellen verwickelt wurde, nach Salzburg »strafversetzt« hätte: Ludwig Victor wohnte bereits seit 1861 in Schloß Klesheim, freiwillig und nicht, weil er etwa aus Wien verbannt worden war. Abgesehen davon fand der Skandal, der die Biographie des jüngsten Kaiserbruders so nachhaltig prägte, erst um die Mitte der sechziger Jahre statt. Es stimmt zwar, daß sich das Verhältnis zwischen dem Kaiser und Ludwig Victor durch diesen Vorfall abkühlte, Franz Joseph hatte über seinen Bruder aber weder Strafsanktionen verhängt, noch schränkte er dessen öffentliche Verpflichtungen ein.

Erzherzog Ludwig Victor mit Tennispartnern in Klesheim.

Daß sich die eigentlich unbedeutende Geschichte über hundert Jahre so frisch erhielt, verdankt die Nachwelt Fürstin Nora Fugger, einer klatschsüchtigen Frau, die das Ereignis – noch dazu falsch interpretiert – in ihre Lebenserinnerungen aufnahm. Da sich seither niemand mehr mit dem »Fall Ludwig Victor« befaßte, gilt sie als einzige historische Quelle, die in der einschlägigen Literatur immer wieder herangezogen wird.

Das einzige handschriftliche Dokument Fürstin Nora Fuggers im Habsburger Archiv: eine Weihnachtskarte an Erzherzog Ludwig Victor (»Herzlichen Glückwunsch erlaubt sich kaiserlichen Hoheit zu den Feiertagen und für das Jahr 1897 zu übersenden, kaiserlichen Hoheit ganz ergebene Nora Fugger«).

Erzherzog Ludwig Victor in Uniform (seinem Bruder Kaiser Franz Joseph frappierend ähnlich).

Abgesehen von Kaiser Franz Joseph reagierten die meisten Familienmitglieder auf den Skandal Erzherzog Ludwig Victors sehr verständnisvoll. Man hielt weiterhin mit ihm Kontakt, besuchte ihn, lud ihn ein und schreckte nicht einmal davor zurück, ihm während des Sommers Söhne und Töchter als Feriengäste anzuvertrauen. Selbst der prüde Kaiser hatte den Ärger binnen kurzem vergessen. Abgesehen davon, daß gerade seine Kinder den originellen Onkel unsagbar

Familientreffen bei Erzherzog Ludwig Victor: mit seiner Nichte Marie Valerie (4. v. li.), vier ihrer Kinder, Gefolgsleuten und der Tochter von Kronprinz Rudolf, verehelichte Fürstin Windischgrätz (5. v. re.).

liebten. Das innige Verhältnis sollte auf allen Seiten ein Leben lang halten: Der erwachsene Kronprinz Rudolf schätzte den Onkel als Freund und Jagdgenossen, seine Schwestern Gisela und Marie Valerie als fröhlichen und einfallsreichen Gesellschafter. Er war bei ihnen stets willkommen, und auch sie blieben – selbst als ihre Kinderschar drastisch anstieg – gerngesehene Gäste in seinen Residenzen.

Der verwitwete Erzherzog Carl Ludwig mit seinen vier Kindern aus zweiter Ehe.

Unter allen Geschwistern hatte Erzherzog Ludwig Victor – vor und nach dem Skandal – die innigste Beziehung zu seinem Bruder Carl Ludwig. Mit ihm tauschte er ständig Briefe, oft schrieben sich die beiden täglich. Wenn sich die Brüder gleichzeitig in Wien aufhielten, wo sie zwei nahe beieinanderliegende Paläste bewohnten, verbrachten sie die meiste Zeit miteinander. Briefchen mit Einladungen zum Mittag- oder Abendessen wurden von der Favoritenstraße zum Schwarzenbergplatz geschickt, woraufhin Dankschreiben den Weg in die andere Richtung nahmen. Das Zentrum der Familienzusammenkünfte lag auf der Wieden, wo Erzherzog Carl Ludwig mit seiner Frau und insgesamt sechs Kindern lebte. Da er ein närrisch verliebter Vater war, wollte er seine Söhne und Töchter nur ungern aus ihrer gewohnten Umgebung reißen. Ludwig Victor hatte Ver-

Erzherzog Carl Ludwig mit seiner dritten Frau, Prinzessin Maria Theresia von Braganza, die den vier Kindern eine liebevolle Mutter wurde.

ständnis dafür und übertrug die Liebe, die er für seinen Bruder empfand, auf dessen gesamte Familie. Die Neffen und Nichten, zu denen Franz Ferdinand, der spätere Thronfolger, und Otto, der Vater Kaiser Karls, gehörten, waren oft und gern gesehene Gäste in Schloß Klesheim, und er nahm sogar die Schwäger, Schwägerinnen und die Schwiegermutter des Bruders in den engsten Freundeskreis auf. Die älteste Tochter Erzherzog Carl Ludwigs, Margarethe, scheint in der Salzburger Residenz sogar ihren späteren Ehemann, Herzog Albrecht von Württemberg, schätzen- und liebengelernt zu haben. Denn der Sohn des am Traunsee wohnenden württembergischen Herzogpaares, zählte dort zu den eifrigsten Tennis- und Badegästen.

Brautempfang Erzherzogin Margarethes in Reichenau an der Rax (li. oben ihr Vater Erzherzog Carl Ludwig, Braut, Bräutigam und der Onkel, Erzherzog Ludwig Victor; li. unten Erzherzog Ludwig Victor, die Schwägerin Maria Josefa und der Bräutigam – beides photographiert von der Stiefmutter, Erzherzogin Maria Theresia) und oben das offizielle Brautphoto.

Ludwig Victors Neffen, die Erzherzoge Otto, Franz Ferdinand und Ferdinand (v. li. n. re.).

Wie hinlänglich bekannt ist, entwickelten die drei Neffen, Franz Ferdinand, Otto und Ferdinand, im erwachsenen Alter eigenwillige Charaktere, dank deren es allen dreien gelang, ein für Habsburger ungewöhnliches Privatleben durchzusetzen. Der Thronfolger heiratete – laut Familienhausgesetz unrechtmäßig – eine Gräfin Chotek, woraufhin er für seine noch ungeborenen Söhne auf die Thronrechte verzichten mußte. Sein Bruder Otto ehelichte aus Mitleid die von Franz Ferdinand verschmähte sächsische Prinzessin Maria Josefa, die sich leider als unzugängliche und bigotte Frau herausstellte. Dazu kam, daß sie gar keine Interessen hatte und nicht einmal an der künstlerischen Arbeit ihres Mannes, der malte und photographierte, Anteil nahm. Erzherzog Otto, der blendend aussah und sich in Künstlerkreisen wohl fühlte, bezog daher – sehr zum Amüsement seines Onkels, Kaiser Franz Joseph – Musen und Anregungen aus dem Volk.

Erzherzog Otto, der Vater Kaiser Karls, mit seiner Braut, Prinzessin Maria Josefa von Sachsen.

Ein privater Schnappschuß Erzherzog Franz Ferdinands mit seiner Frau, Gräfin Sophie Chotek, und den beiden Söhnen.

Am mutigsten verhielt sich der dritte und jüngste dieser Brüder, Erzherzog Ferdinand, der sich ebenfalls »unstandesgemäß« verliebte. Die Frau seines Herzens, Berta Czuber, war die Tochter eines Universitätsprofessors und besaß neben allen Vorzügen nur den einen Makel, einer bürgerlichen Familie zu entstammen. Aber der Erzherzog war sich seiner Liebe so sicher, daß er, um sie heiraten zu dür-

Der mutigste der drei Neffen, Erzherzog Ferdinand, mit seiner bürgerlichen Frau Berta Czuber, der zuliebe er auf alle Titel und Würden verzichtete.

fen, auf alle Titel und Würden, die ihm als Mitglied der kaiserlichen Familie zustanden, verzichtete. Er schied aus dem Familienverband aus, nahm den bürgerlichen Namen »Ferdinand Burg« an und zog nach Südtirol, wo er bis zu seinem Tod in einer unsagbar glücklichen Ehe lebte.

Dieses Verhalten beeindruckte seinen Onkel, Erzherzog Ludwig Victor, tief, und es war für ihn selbstverständlich, mit dem aus der Familie Ausgeschlossenen weiterhin genauso herzlich zu verkehren wie vor der ungesetzmäßigen Heirat. Denn für Ludwig Victor gab es in Fragen der Freundschaft keinen Unterschied zwischen Fürsten, Aristokraten oder Bürgerlichen. Wie sein Neffe Otto hielt er mit den einen und mit den anderen Kontakt und fühlte sich in der Gesellschaft von Künstlern besonders wohl. Was kaum jemand weiß und erst vor kurzem bekannt wurde: Dieser Erzherzog, von dem die Geschichte bisher nichts anderes zu berichten weiß, als daß er homosexuell war, hatte eine langjährige Beziehung zu einer Künstlerin. Ludwig Victor liebte die international gefeierte Tänzerin Claudia Couqui.

Die Tänzerin Claudia Couqui, die langjährige Freundin Erzherzog Ludwig Victors.

Das »Alte k.k. Theater in Salzburg 1892« mit einem seiner eifrigsten Besucher: Erzherzog Ludwig Victor in der Kaiserloge (Photomontage).

Seiner riesigen Photosammlung ist es zu verdanken, daß dieses über hundert Jahre gewahrte Geheimnis öffentlich bekannt werden konnte. In einer Lederkiste versperrt fand sich eine Menge Bilder der attraktiven Frau, die eines der Photos dem Erzherzog persönlich zueignete: Sie bedankte sich bei »ihrem lieben Prinzen« für eine besonders schöne, gemeinsam verbrachte Nacht. Es bedarf wenig Phantasie, um sich vorzustellen, was in dieser Nacht geschah. Für die Biographie Erzherzog Ludwig Victors ist diese kleine Episode von großer Bedeutung: Beweist sie doch, daß er sich auch in Frauen verlieben konnte.

Familienphotos (o. u. re.) aus dem Jahr 1900: Erzherzog Ludwig Victor (3. v. re.), sein Bruder Kaiser Franz Joseph (li.), Nichten, Großnichten und Großneffen in Ischl.

Am Ende dieses kurzen Abrisses muß gesagt werden, daß es schade ist, wie wenig Gedanken die Geschichtsforschung bis jetzt an den jüngsten Kaiserbruder verschwendet hat. Denn als Mitglied des österreichischen Kaiserhauses nimmt er einen besonderen Platz ein. Obwohl er viele familientypische Eigenschaften besaß – so den ausgeprägten Familiensinn, die herzliche Art, mit Kindern umzugehen, und den eifrigen Einsatz im Wohltätigkeitsbereich –, so unterschied ihn auch eine Menge von seinen Brüdern.

Der Erzherzog in Klesheim mit Cousins und Nichte: den Erzherzogen Christine, Friedrich und Maria Anna.

Erzherzog Ludwig Victor besaß auf jeden Fall die schillerndste Persönlichkeit unter seinen Geschwistern. Er war gesellig und weltoffen, an Kunst und Theater interessiert, ein typischer Grandseigneur seiner Zeit, der sich durch seine witzigen, mitunter scharfzüngigen Bemerkungen großer Beliebtheit erfreute. Vorurteilsfrei öffnete er sich allen anregenden Menschen, nahm aufmerksam an ihren Problemen teil und machte dabei keinerlei Unterschied zwischen Fremden und Verwandten.

Zwei typische Photos von Erzherzog Ludwig Victor: mit Freunden und Gefolgsleuten, deren Privatleben ihn genauso interessierte wie das Schicksal seiner nächsten Verwandten. Oben mit Fürst Rudolf Lobkowitz, den Gräfinnen Stadion und Harrach und unten mit den Grafen Kurt Spiegel, Alfred Dürckheim und Adolf Gudenus.

Trotz seines unermüdlichen Einsatzes im »Unternehmen Habsburg« (der ist in den Tageszeitungen nachzulesen) wissen wenige Menschen, wer Erzherzog Ludwig Victor überhaupt war. Kaum etwas erinnert heute an ihn. Das war aber nicht immer so, denn in der Stadt Salzburg, in der er lange Zeit seines Lebens verbrachte, war er an vielen Plätzen gegenwärtig: 1901 benannte man die Lehener Brücke nach ihm »Ludwig Victor-Brücke«, etwas später erhielt sogar der im Zentrum liegende Alte Markt seinen Namen. Der Erzherzog bedankte sich für die stete Zuneigung auf seine Weise: Er starb im Jahr 1919 als letztes seiner Geschwister – in Salzburg.

Erzherzog Ludwig Victor im fortgeschrittenen Alter am Mönchsberg in Salzburg.

Der Erzherzog in Rückenansicht – mit seiner Cousine Herzogin Maria Theresia von Württemberg – in Meran.

Bilder aus dem öffentlichen Leben Erzherzog Ludwig Victors

Erzherzog Ludwig Victor im »Arbeitsgewand« und im Zivilanzug, den er viel lieber trug als die Uniform.

Wie jedes Mitglied des österreichischen Kaiserhauses hatte Erzherzog Ludwig Victor öffentlichen Verpflichtungen nachzukommen; als Bruder Kaiser Franz Josephs und hochrangiger Prinz stand er in der Beliebtheit an vorderster Stelle. Es ist interessant, in den Tageszeitungen des 19. Jahrhunderts die Einsätze der Habsburger nachzulesen, die zahlreich und vielfältig waren. Sie erstreckten sich von Ausstellungseröffnungen über die Anwesenheit bei Wohltätigkeitsveranstaltungen bis zur Besichtigung von Katastrophengebieten. Wer die Tagesereignisse verfolgt, wird zufrieden feststellen, daß Kaiser Franz Joseph und seine Brüder ihre Apanagen zu Recht bezogen: Sie waren die fleißigsten Arbeiter im »habsburgischen Familienbetrieb«.

Blumengeschmückte Boote am Traunsee mit Erzherzog Ludwig Victor (re. mit erhobenem Arm) und württembergischem Prinzen …

Es darf nicht verwundern, daß trotz der bereits erfundenen Photographie von diesen Veranstaltungen wenige Aufnahmen vorhanden sind. Denn die öffentlichen Termine wurden erst gegen Ende des Jahrhunderts in Bildern festgehalten, was damit zusammenhängt, daß die Phototechnik nicht sehr verbreitet war und daß es keine Pressephotographen gab. Die Zeitschriften waren noch lange nicht bebildert. Die meisten Aufnahmen entstanden im Studio und waren Standporträts. Es hing also hauptsächlich von den Organisatoren ab, ob während einer Veranstaltung photographiert wurde oder nicht.

Anläßlich eines Blumenkorsos auf dem Traunsee reiste Erzherzog Ludwig Victor im August des Jahres 1892 ins Salzkammergut, um bei dieser Veranstaltung das

… und mit Prinzessin Mary von Hannover, deren Familie das Gmundner Schloß Cumberland gehörte.

österreichische Kaiserhaus zu vertreten. Außer ihm nahmen an dem Ereignis etliche deutsche Prinzen teil, die dort wie die Habsburger alljährlich ihre Sommerfrische verbrachten: »*Am 15. d. M. fand auf dem Traunsee nächst Gmunden zu wohlthätigem Zwecke ein Blumencorso statt, der einen glänzenden Verlauf nahm. Ueber zweihundert geschmückte Fahrzeuge schaukelten sich auf dem See. In Booten mit Blumen geziert waren erschienen: Ihre k. und k. Hoheiten der durchlauchtigste Herr Erzherzog Ludwig Victor,* (seine Nichte) *Prinzessin Gisela mit höchst Ihrer Familie, Ihre königlichen Hoheiten Prinzessin Isabella, Prinz Robert und Prinz Ulrich von Württemberg* (sowie) *Ihre königliche Hoheit Prinzessin Mary von Hannover …*« (Wiener Abendpost vom 17. 8. 1892).

Aus der Hand Herzog Philipps von Württemberg stammen zwei Aufnahmen dieses Tages: der Empfang der Gäste im Garten, den er von seinem Zimmer aus photographierte.

Im Juli des Jahres 1893 veranstaltete Erzherzog Ludwig Victor – als Vertreter des Kaisers in Salzburg – einen Empfang in Schloß Klesheim, bei dem wie so oft die Familie des Herzogs von Württemberg erschien. »*Se. kön. Hoheit Herzog Philipp von Württemberg ist mit Gemahlin Ihrer k. und k. Hoheit Herzogin Maria Theresia so wie Ihren kön. Hoheiten den Prinzen Robert und Ulrich und der Prinzessin Isabella am 6. d. M. von Gmunden in Salzburg angekommen. Die hohen Herrschaften wurden von Se. k. und k. Hoheit dem durchlauchtigsten Herrn Erzherzog Ludwig Victor im Bahnhofe erwartet und nach Schloß Kleßheim geleitet.*« (Wiener Abendpost vom 8. 7. 1893)

Erzherzog Ludwig Victor (re. unter dem »schwebenden« Zelt in heller Uniformjacke) in Innsbruck, 27. 9. 1896.

Als sich im September des Jahres 1896 Kaiser Franz Joseph als Gast König Carols längere Zeit in Rumänien aufhielt, verdichtete sich das Programm seines letzten überlebenden Bruders Ludwig Victor (Ferdinand Maximilian war 1867 in Mexiko erschossen worden, Erzherzog Carl Ludwig im Mai 1896 einer Infektion erlegen). Zusätzlich fiel im Herbst dieses Jahres Erzherzogin Marie Valerie, die in Österreich lebende Tochter des Kaisers, als Vertreterin ihres Vaters aus, da sie zum vierten Mal Mutter geworden war und im Wochenbett lag. Erzherzog Ludwig Victor reiste im Auftrag des Kaisers unter anderem nach Innsbruck, um dort eine Ausstellung zu besuchen.

Zu den innigsten Freunden Erzherzog Ludwig Victors zählte die Familie der Grafen Hoyos. Das war ungewöhnlich, da Mitglieder von Herrscherfamilien mit Grafen privat üblicherweise nicht verkehrten. Durch solche Freundschaften unterschied sich der Erzherzog grundlegend von seinen Verwandten, die Adelige in den Rängen von Freiherren oder Grafen bestenfalls als Gefolgsleute anerkannten. Ludwig Victor hatte 1872 sogar die Patenschaft der in Klesheim geborenen Tochter des Grafen Stanislaus Hoyos, Marie Felicie, übernommen und war bei ihrer Hochzeit im Mai 1897 »Beistand des Bräutigams«. Als Hochzeitsgeschenk richtete er dem Paar einen Tag vor der kirchlichen Trauung die Brautsoiree aus und stellte ihm dafür sein Wiener Palais zur Verfügung.

Das Hoyos-Haus in Klesheim (li.) und oben die Gäste des Hochzeitsempfangs, den Erzherzog Ludwig Victor (mittlere Reihe, 3. v. li.) seinem Patenkind, Gräfin Felicie Hoyos, gab.

»*In der Propsteipfarrkirche zum göttlichen Heiland* (der Wiener Votivkirche) *fand heute Vormittags um 10 Uhr die Trauung des k. und k. Kämmerers Oberlieutenants Robert Altgrafen zu Salm-Reifferscheidt-Raitz mit Gräfin Felicie Hoyos statt. Der Trauung, die der hochw. Herr Prälat Dr. Godfried Marschall vollzog, wohnte* (als einziges Mitglied der österreichischen Kaiserfamilie) *Se. k. und k. Hoheit der durchlauchtigste Herr Erzherzog Ludwig Victor bei.*« (Wiener Abendpost vom 19. 5. 1897)

Der König von Siam (ganz li.) in Begleitung Erzherzog Ludwig Victors (re. neben ihm) auf dem Kahlenberg.

Im Juni 1897 empfing man König Chulalongkorn von Siam, einen europafreundlichen Monarchen, der viele Freunde unter den deutschen Fürsten hatte und oft und gerne nach Wien kam. Ihm zu Ehren gab es zahlreiche Empfänge, Diners und kulturelle Programmpunkte, die natürlich nicht alle Kaiser Franz Joseph allein bestritt.

Als im Juni des darauffolgenden Jahres im Park von Schloß Schönbrunn ein »Jägerhuldigungszug« stattfand, nahmen daran mehrere Mitglieder des Kaiserhauses teil. Selbstverständlich erschien Kaiser Franz Joseph, der privat ein begeisterter Waidmann war.

Eine seltene Aufnahme: Erzherzog Ludwig Victor (Mi.) im Kreis von Gratulanten im Jagdkostüm. Im Unterschied zu seinem Bruder Kaiser Franz Joseph war er kein begeisterter Jäger und fühlte sich im Lodenrock nicht sehr wohl.

»Se. Majestät der Kaiser hat heute Vormittags im Parke von Schönbrunn die Huldigung der österreichischen Waidmänner entgegengenommen, die sich versammelt hatten, um dem obersten Jagdherren aus Anlaß seines fünfzigjährigen Regierungs-Jubiläums ihre Treue und Hingebung zu bekunden. Die prächtige Feier war von dem herrlichsten Sommerwetter begünstigt ... Im Parterre waren in Jägertracht erschienen Ihre k. und k. Hoheiten die durchlauchtigsten Herren Erzherzoge Franz Ferdinand von Oesterreich-Este, Otto, Ludwig Victor (u.v.a.) ... Als Sich der Monarch wieder nach dem Schlosse begab, geleiteten Ihn die langandauernden Jubelrufe der tausenden Waidmänner, und die Jagdcapellen stimmten lautschmetternd die Fanfare Sr. Majestät an ...« (Wiener Abendpost vom 25. 6. 1898)

Stellvertretend für hunderte von ähnlichen Veranstaltungen: Erzherzog Ludwig Victor bei einem Wohltätigkeitsfest, dem »Zuckerlfest«, im Garten des Wiener Schlosses Belvedere (1901).

Erzherzog Ludwig Victor in Begleitung Graf Johann Pálffys während der Ankunft bei einer Pferdeausstellung (in der Kutsche li.).

Origineller Gruß einer Salzburger Gemeinde: Schüler, Feuerwehrleute und Honoratioren ließen sich im März des Jahres 1902 zum Dank für eine großzügige Spende gemeinschaftlich aufnehmen. Wie man in den Tageszeitungen der damaligen Zeit mehrmals wöchentlich nachlesen kann, zählte Erzherzog Ludwig Victor zu den gebefreudigsten Mitgliedern des Kaiserhauses. Diese Notizen decken aber nur den öffentlich bekannten Teil ab, denn »nebenbei« versorgte der Erzherzog eine Menge ausgedienter Gefolgsleute, vermittelte ihnen neue Anstellungen und unterstützte etliche in Not geratene Freunde und Bekannte.

Brände, Erdbeben, Überschwemmungen und schiefe Türme

Die andere Seite der »guten alten Zeit«

Ein an der Traun gelegenes Ischler Bürgerhaus vor dem Brand des Jahres 1865.

In der Reihenfolge der wenig erfreulichen Ereignisse steht ein Brand in Ischl, dem Lieblingsaufenthaltort der kaiserlichen Familie, an vorderster Stelle. Kaiser Franz Joseph besaß dort wie erwähnt eine Villa, die ihm seine Mutter zur Hochzeit geschenkt hatte, und er war ziemlich betroffen, als er in Wien von der Katastrophe erfuhr: »*Ischl, 21. Juli* (nachts). *Eine Feuersbrunst, welche in einem Stalle neben dem Hotel ›Elisabeth‹ ausgebrochen ist, hat einen bedeutenden Theil des Marktes in Asche gelegt. Die Wiener Straße und die Pfarrgasse bis zur Post sind abgebrannt. Der Brand ist noch nicht ganz gelöscht. Es herrscht Windstille.*« (Wiener Abendpost vom 21. 7. 1865)

Einschließlich des Hotels Elisabeth fielen dem Feuer zweiundzwanzig Häuser zum Opfer. Zwei betrunkene Kutscher, die in einem Heuschober rauchten, hatten den Brand ausgelöst, der binnen kurzem weite Teile der Stadt zerstörte. Die größte Sorge des Kaisers mag wohl seinen Kindern Gisela und Rudolf gegolten haben, die sich zur Zeit der Katastrophe in Ischl aufhielten. Sie hatten – in der Kaiservilla schlafend – vom Brand aber gar nichts mitbekommen.

Eine ganz andere Ursache hatte der Brand der Tuilerien in Paris, der so spektakulär war, daß er sich lange Zeit in den Schlagzeilen der internationalen Presse hielt. Als im Mai 1871 nach Beendigung des deutsch-französischen Kriegs und dem Rücktritt Kaiser Napoleons III. General MacMahon mit seinen Truppen in Paris einzog, wurde er von den radikalen Mitgliedern der *Commune* erwartet, die wie in der Zeit der Schreckensherrschaft wüteten. Als man den Soldaten nach dem langen und beschwerlichen Marsch endlich eine kurze Ruhepause gewähr-

Die Ruinen der abgebrannten Tuilerien, die Katharina von Medici hatte erbauen lassen.

te, nützten die Aufständischen die Zeit, darauf zu reagieren und begannen, »*die Zerstörung öffentlicher Gebäude ins Werk zu setzen. Die Tollen ermordeten in ihrem Grimm die Geiseln* (hohe Geistliche) *mit dem Erzbischof* (von Paris). *Es fanden nun gräßliche Metzeleien und Hinrichtungen in Masse statt … Der Erfolg war, daß am 26. Mai die Tuilerien, das Finanzministerium, die Polizeipräfektur, der Rechnungshof, das Stadthaus, das Leihhaus u.s.w. größtenteils in Asche lagen …*« (Richard Kralik, Allgemeine Geschichte der Neuesten Zeit von 1815 bis zur Gegenwart. 3. Bd. Wien u. Graz 1918, S. 683)

Wesentlich harmlosere Gründe hat die Schräglage einiger Türme in Italien, wenn auch die Ursache, die einige Jahrhunderte zurücklag, niemals restlos geklärt werden konnte. Erzherzog Ludwig Victor, der oft auf Reisen war, fand die schiefen Türme wie alle Touristen so originell, daß er Photos von ihnen zur Erinnerung mit nach Hause nahm. Natürlich wurden sie in den Reiseführern der Zeit hervorgehoben und der Besucher dazu angeregt, sich über die – gewollte oder ungewollte – Schräglage Gedanken zu machen.

Neben dem Dom in Pisa steht »*der s. g. schiefe Turm,* (der) *1174 ... in cylindrischer Form mit sieben Stockwerken von Colonnaden über einander* (erbaut wurde). *Die Neigung beträgt etwas mehr als 12 Fuss, die ganze Höhe 142 Fuss ... Bekanntermassen ist man im Streit darüber, ob der Thurm absichtlich schief gebaut sey, oder ob er sich gesenkt habe. Die Entscheidung kann jedes aufmerksame Auge finden. Stellt man sich so, dass man, den Dom zur Linken, des Thurmes grösste Neigung im Profil vor sich hat, sie sieht man sogleich, dass der Thurm nicht in einer geradlinigen Richtung schief emporgeht, sondern dass nach dem dritten und fünften Stockwerk jedesmal ein wenig nach links eingelenkt ist, so dass, stünden die untersten Säulen senkrecht, die obersten bedeutend nach der linken Seite überhängen müssten. Hieraus folgt wenigstens diess, dass vom dritten Stockwerk an der Thurm absichtlich so gebaut ist, wie er dasteht.*« (Ernst Förster, Handbuch für Reisende in Italien. Mittelitalien. S. 18f. München s.a., um 1860).

In Bologna gibt es sogar zwei schiefe Türme, die an der Piazza di Porta Ravegnana nebeneinanderstehen: die Torre Asinelli und die unvollendet gebliebene Torre Garisenda. Der höhere der beiden Türme, die im frühen 12. Jahrhundert erbaute Torre Asinelli, ist 97,6 m hoch und hängt 1,2 m nach Westen über, der andere Turm ist nur halb so hoch, er hängt aber doppelt so viel über, wodurch seine Neigung besonders stark hervortritt. Sie ist der Ewigkeit übrigens in einem Werk der Weltliteratur erhalten: Der italienische Dichter Dante Alighieri verglich den Riesen Antäus, der sich nach ihm bückte, mit dem Turm Garisenda (aus dem »Inferno« der »Divina Commedia«).

Die schiefen Türme von Pisa und Bologna.

Am 8. Dezember 1881 brach im Wiener Ringtheater vor Beginn der Oper »Hoffmanns Erzählungen« ein Brand aus, der sich binnen kurzer Zeit im gesamten Haus verbreitete. Als der Vorhang in Flammen aufging, gerieten die 1700 Zuschauer in Panik und stürzten in Richtung der wenigen und viel zu engen Ausgänge. In dem Gedränge kamen 386 Menschen ums Leben. *»Die Leichen, die zuletzt aus dem brennenden Theater geschafft wurden, waren so ineinander verschlungen, daß es zweifellos ist, daß die Unglücklichen miteinander gerungen haben, um zuerst die Türe zu gewinnen.«* (Fremdenblatt vom 9. 12. 1881)
An der Stelle des Theaters wurde später das »Sühnhaus« errichtet, ein Neorenaissance-Zinshaus mit Kapelle, das an die Opfer des Ringtheaterbrandes erinnern sollte.

Innenansicht des Wiener Ringtheaters nach dem Brand. Den Erlös, der mit dem Verkauf dieser Photos erzielt wurde, erhielten – wie bei fast allen Aufnahmen von Katastrophen – die Hinterbliebenen der Verunglückten.

Eines der vom Erdbeben zerstörten Wohnhäuser in Nizza.

»*Paris. Heute Morgens fanden zwischen 5 und 8 Uhr in Toulon, Cannes, Avignon, Nizza und anderen Orten der Provence mehrere Erdbebenerschütterungen statt. In Nizza ist ein Haus eingestürzt und sind drei Personen verschüttet worden; überdies sind mehrere Personen getödtet oder verwundet worden; überdies sind mehrere Dächer herabgefallen ...*« Das schrieb die Wiener Abendpost am 23. Februar 1887 über ein Erdbeben, das in Südfrankreich und in Teilen von Italien wahrgenommen wurde.

In und um Nizza hatten die Erdstöße die schlimmsten Verheerungen angerichtet. Um die Anteilnahme der österreichisch-ungarischen Monarchie auszudrücken, wurde noch am selben Tag Erzherzog Ludwig Victor in Vertretung des Kaisers in das Katastrophengebiet geschickt.

Eisenbahnunfall in Seekirchen.

Auf dem Boden des Habsburger Reiches folgte den Bränden in Ischl und Wien eine Serie von Eisenbahnunfällen und Überschwemmungen, wobei der August des Jahres 1897 »Katastrophengeschichte« schrieb. In Seekirchen gab es ein Zugunglück, und im Raum zwischen Wien, Salzkammergut, Salzburg und Innsbruck wüteten die schlimmsten Unwetter.

Aber auch in Bayern ereignete sich im August 1897 ein Unfall in der Bahnstation Freilassing: »*Aus München wird heute telegraphisch berichtet: Nach den vorläufigen amtlichen Erhebungen ist der Locomotiv-Führer des Münchner Schnellzugs*

Zugunglück in der Bahnstation von Freilassing (August 1897).

beschuldigt, zu schnell und unvorsichtig in die Station Freilassing eingefahren zu sein und die Zugsbremse nicht vorschriftsmäßig gebraucht zu haben. – Von den Schwerverletzten sind der Adjunct der k.k. Schulbücherverlags-Direction in Wien M. Beyll und seine Gattin ihren Verletzungen erlegen. Frl. Hermine Beyll befindet sich außer Gefahr. Weiter wurden noch vier Reisende schwer und fünf leicht verletzt. Vom Zugspersonale wurden zwei Conducteure verletzt.« (Wiener Abendpost vom 23. August 1897)

Das Ausmaß der Überschwemmung im August 1897.

Während des gesamten August wüteten in Österreich verheerende Unwetter, die im Raum zwischen Wien und Tirol zu Hochwasser führten. Besonders betroffen war die Region von Salzburg, wo die Überschwemmungen beträchtlichen Schaden anrichteten. Erzherzog Ludwig Victor reagierte rasch darauf. Er organisierte in Schloß Klesheim ein Wohltätigkeitsfest, bei dem er 4000 Gulden* sammelte. Der Ertrag wurde an die am schlimmsten Betroffenen weitergeleitet.

* Zum Vergleich: Als nach einem Hochwasser der Salzburger Ort Oberndorf völlig unter Wasser stand, stellte die Gemeinde 1000 Gulden als Soforthilfe zur Verfügung. Das entsprach einem Viertel des von Erzherzog Ludwig Victor gesammelten Betrages.

Salzburger Rettungsschiffe im Überschwemmungseinsatz im Nonntal.

Die Stadt Salzburg sollte zwei Jahre später von noch schlimmeren Unwettern heimgesucht werden. »*Das gestrige Hochwasser hat hier und in der Umgebung furchtbar gewüthet. Die Wasserstände waren bedeutend höher als im Jahre 1897. Die niedrigen Stadttheile stehen hier unter Wasser, und der Verkehr daselbst kann nur nothdürftig durch Kähne aufrecht erhalten werden. Viele Thiere gingen zugrunde. Es macht sich ein Mangel an Zillen bemerkbar. Wegen der Manöver konnte das Militär bloß Wachdetachements beistellen. Auch die umliegenden Ortschaften stehen unter Wasser. Zahlreiche Brücken wurden von dem Hochwasser weggerissen.*« (Wiener Abendpost vom 14. 9. 1899)

Blick über die Salzach zur Festung (li. oben), in die Griesgasse (li. unten) und oben in den Hof des Gasthofes zum »Schwarzen Mann« (Überschwemmung in Salzburg, 14. 9. 1899).

Mann im Burggarten, hüfthoch im Schnee, und unten Blick zum Maria Theresien-Denkmal.

Daß das Wetter nicht nur – wie so oft angenommen – in unseren Tagen verrückt spielt, belegt der folgende Artikel: »*Nachwinter. Wien, 2. April* (1900). *Der gestrige Sonntag konnte im schön warmen Zimmer am besten genossen werden. Das war ein echter erster April, welcher meteorologisch sehr gut in den Jänner gepaßt hätte. Der Schneesturm der vorhergegangenen Tage hatte sich in ein Sprühen verwandelt ... Noch gestern war im Lauf des ganzen Tages der Verkehr für Wagen und Fußgeher durch die von Schneehügeln beengte Passage sehr erschwert. Eisstücke fielen von den Gesimsen und Dachkanten herab, und zuweilen gingen polternd schwere Lawinen nieder, welche die Sicherheit der Fußgänger gefährdeten ... Heute Nachts herrschte Frost. Noch um 5 Uhr früh zeigte das Thermometer 3 Grad Réaumur* (knapp minus 4 Grad Celsius) *und noch um 6 1/2 Uhr früh 1 Grad Réaumur unter Null.*« (Wiener Abendpost vom 2. 4. 1900)

Ende Dezember 1908 wurde Italien von einem der schwersten Erdbeben der Menschheitsgeschichte heimgesucht, am stärksten waren davon die Städte Siziliens betroffen. »*Palermo, 29. Dezember. Abends traf die erste offizielle Depesche des Präfekten von Messina ein, in welcher es heißt: Die Katastrophe läßt jede Vorstellung hinter sich. Messina ist fast gänzlich zerstört; etwa 12.000 Personen sind ums Leben gekommen. Es ist unmöglich, die allgemeine Bestürzung und Unordnung und die enormen Verheerungen zu beschreiben. Jede Hilfe scheint unzureichend. Es ist dringend notwendig, Lebensmittel zu senden. Der Anblick der Unglücksstätte ist schauerlich, da Brände, deren man unmöglich Herr werden kann, sich über verschiedenen Stellen der Stadt verbreiten ... Infolge des gestrigen Erdbebens soll die Meerenge von Messina eine andere Gestalt angenommen und sollen die Linien der Küsten sich verändert haben ... Dem Korrespondenten des 'Mattino' in Monteleone erzählte ein Passagier, der sich zur Zeit des Eintrittes der Katastrophe auf einem Fährboote vor Messina befand: Nach einem Erdstoß, der sich dem Schiffe mitteilte, versank die Stadt, die eben noch beleuchtet war, in tiefes Dunkel, von einer Staubwolke eingehüllt. Gleichzeitig flammten an vier verschiedenen Punkten der Stadt Feuer auf. Im ersten Augenblicke war die bis zum Rathaus führende Straße voll von Trümmern.*« (Wiener Abendpost vom 30. 12. 1908)

Messina: *Der Corso Vittorio Emanuele vor und nach der Katastrophe.*

Häuser am Domplatz von Palermo vor und nach dem Beben.

Von der Sänfte zum Flugzeug

Nur ein kleiner Schritt in der Geschichte der Fortbewegungsmittel

Königin Amalie von Sachsen in einer Sänfte in Pillnitz (1858), eine Schwester Erzherzogin Sophies und wie diese ein eineiiger Zwilling: Amalie (stehend) und ihre Schwester Elisabeth, Königin von Preußen.

So unglaublich es klingen mag: Jenen Sesselträger, der in Wien im Jahr 1888 als letzter das Gewerbe anmeldete, trennen kaum ein paar Jahre von den Flugversuchen der ersten Pioniere der Luftfahrt. Nur drei Jahre, nachdem er sein Unternehmen eröffnet hatte, unternahm Lilienthal die ersten Gleitflüge und schuf damit die Voraussetzung für den Segelflug. Und 1903 – der Sesselträger mochte mit seinen Kunden noch durch Wien laufen – wurde der Öffentlichkeit das erste flugfähige Motorflugzeug vorgestellt.
Aber bevor der Verkehr endgültig technisch wurde, ließen sich noch eine Menge Leute in Stühlen oder Sänften durch die Landschaft tragen. Hauptsächlich waren diese »Porte-Chaisen« in Kurorten in Gebrauch, wo ältere, schwache oder kranke Menschen damit transportiert wurden.

Erzherzog Franz Carl, der Vater Ludwig Victors, in einem Tragsessel in Ischl.

Bartholomäus Brandhuber, ein Ischler Sesselträger, mit einem Tragstuhl (durch die Metallösen neben der Sitzfläche wurden die Griffstangen gesteckt) und Sänftenträger in Konstantinopel (beide Aufnahmen um 1870).

Wenig ist über die Geschichte der Kinderwägen und Rollstühle bekannt. Beide stehen vermutlich seit dem 18. Jahrhundert in – mehr oder weniger regelmäßigem – Gebrauch. Es ist aber wahrscheinlich, daß es früher ähnliche Fahrzeuge gab.

Drei Kinderwagen aus den frühen sechziger Jahren, die starke Ähnlichkeit mit einspännigen Kutschen haben: Fürst Ferdinand Kinsky mit Ehefrau und Kindern (oben), Erzherzog Friedrich und Erzherzogin Christine, die spätere Königin von Spanien (li. unten) und Graf Ludwig Paar (re. unten).

Ganz aus der Reihe: der Schwanenkinderwagen (li. oben) mit einer Tochter Kronprinz Friedrich Wilhelms von Preußen (der nachmalige Kaiser Friedrich III.) und ein späteres, höheres Modell mit den Erzherzogen Heinrich und Anna aus der Linie der Großherzoge von Toskana (re. oben).

Zwei Kriegsopfer in Rollstühlen aus den sechziger Jahren: der Marinesoldat Turkowitsch von der Fregatte Schwarzenberg (li.) und ein verletzter Graf Festetics (re.).

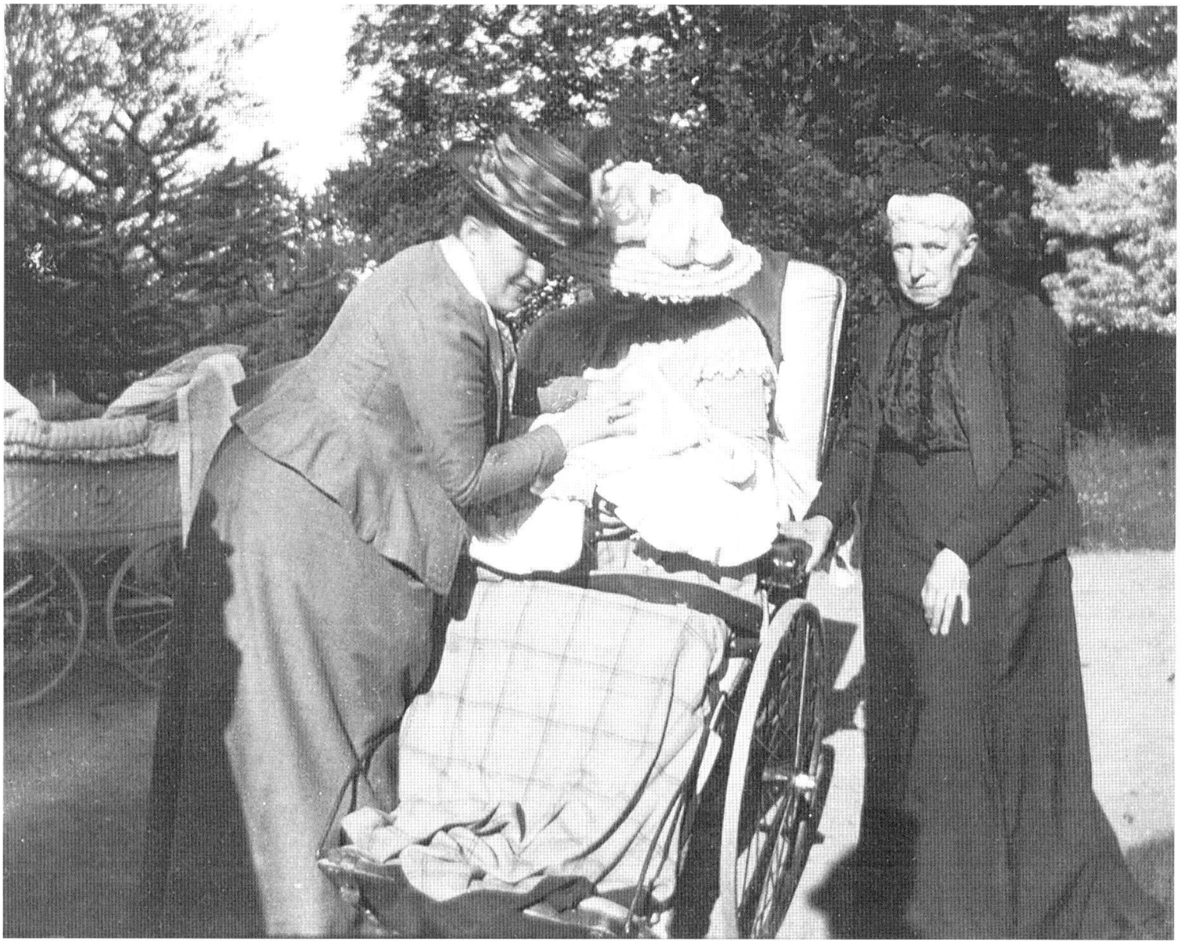

Kinderwagen und Rollstuhl um die Jahrhundertwende: Im Rollstuhl sitzt die Wöchnerin, Baronin Sedlnitzky, mit Tochter, daneben stehen ihre Mutter und ihre Großmutter (photographiert von Erzherzog Ludwig Victor).

Etwas mehr als über die Geschichte der Kinderwägen und Rollstühle ist über die Entwicklung der Kutschen bekannt. Der von vielen Gemälden bekannte Typus, der sich bis ins 19. Jahrhundert nur wenig veränderte, war im 15./16. Jahrhundert aufgekommen und hielt sich bis ins frühe 20. Jahrhundert. Und das, obwohl um 1880/90 die ersten Kraftfahrzeuge mit Viertaktmotoren, elektrischer Zündung und Gummireifen hergestellt wurden. Konservativ denkenden Leuten wie Kaiser Franz Joseph, die alles Moderne und Technische ablehnten, blieben die selbstfahrenden Wägen ungeheuerliche Automate. Deshalb dauerte es lange, bis sich das Automobil als Gebrauchsfahrzeug durchsetzte.

Erzherzog Franz Carl, der Vater Ludwig Victors, im Sechsspänner vor Schloß Schönbrunn. Da er 1878 starb, erlebte er die Entwicklung des Motorkraftwagens nicht mehr.

Aber auch die Wiener Gesellschaft blieb dem Pferdewagen bis zur Jahrhundertwende treu: Fahrt in der Prater-Hauptallee.

Parkplatz vor der Pferderennbahn in der Wiener Freudenau.

1888 hatte Dunlop den Gummireifen entwickelt, sieben Jahre später wurde er von den Brüdern Michelin erstmals bei Autorennen eingesetzt. Einer der frühesten Wettbewerbe auf dem Boden der österreichisch-ungarischen Monarchie: ein Rennen im Jahr 1902.

Oben: Herzog Philipp von Württemberg (mit Ehefrau Maria Theresia im Fond), einer der frühesten Autobesitzer (1909), und (li. unten) der Wagen Kaiser Franz Josephs vor Schloß Schwarzau. Er konnte sich dem Fortschritt nicht ewig verschließen (re. unten): Zur Hochzeit seines Großneffen Erzherzog Carl Franz Joseph (des späteren Kaisers) kam er mit einem selbstfahrenden Automobil (1911).

Einer der ersten Autounfälle: oben der von der Straße abgekommene Wagen Graf Hans Blomes (1913) und unten der vermutlich früheste »Selbstfahrer« der Kaiserfamilie, Erzherzog Maximilian, der Bruder Kaiser Karls, vor dem Sandwirtshaus Andreas Hofers (1916).

Eine sensationelle Aufnahme aus Frankreich: ein Kind mit einem Dreirad (1875).

Eine interessante Entwicklung machte das Fahrrad durch, das zunächst – mit einem großen Rad vorne und einem kleinen hinten – ganz anders betrieben wurde als die späteren Modelle und nicht sehr bedienungsfreundlich aussah. Als der Antrieb durch die Fahrradkette wesentlich erleichtert werden konnte, kam das *Bicycle* rasch in Mode und entwickelte sich zu einem begehrten Fortbewegungsmittel, das in allen Gesellschaftskreisen Anklang fand. Der Wiener Bicycle-Club, der 1881 gegründet wurde und dem Männer und Frauen aller Schichten angehörten, hatte einen prominenten Schirmherren aus dem Kaiserhaus: Sein »Protektor« war Erzherzog Otto, der Vater Kaiser Karls.

Die frühen, antriebsschweren Modelle für Erwachsene: oben ein Bicycle-Rennen in Wien (1887) und rechts Graf Max Hoyos, der im Straßenbild von Graz mit dem Fahrrad viel Aufsehen erregte (1889).

Links: Radfahrercorso im Wiener Prater (Mai 1897). – Kaum war das Radfahren ein Volkssport geworden, machte man sich über seine zahlreichen Anhänger lustig: rechts der »Bicyclanthropos curvatus« (der gekrümmte Radaffenmensch; eine zeitgenössische Karikatur).

Die Popularität des Radsportes war nicht mehr zu bremsen und machte nicht einmal vor dem Kaiser halt (übrigens zählte seine Tochter Prinzessin Gisela von Bayern zu den begeistertsten Bicyclistinnen). Im Juli des Jahres 1898 brachten ihm anläßlich des fünfzigjährigen Regierungsjubiläums unter vielen anderen die Radfahrer ihre Huldigung dar: »*Wien, 18. Juli. In Ischl fand gestern die Huldigungsfeier der Radfahrer für Se. Majestät den Kaiser statt, die einen glänzenden Verlauf nahm. Nach einer von einer Regiments-Musikcapelle ausgeführten Tagreveille begann um 8 Uhr früh auf der Corsobahn das Kaiser-Jubiläums-Rennen, worauf die Uebergabe des von den Sportsfreundinnen Ischls gespendeten Banners an den Ischler Radfahrclub erfolgte. Um 10 Uhr wurde ein solenner Dankgottesdienst abgehalten. Schon um 1 Uhr Nachmittags begann die Ausstellung des Radfahrer-Huldigungszuges. Nachdem derselbe auf der Corsobahn eingetroffen war, erschienen Se. Majestät der Kaiser, Allerhöchstwelcher von dem massenhaften Publicum mit Jubel empfangen wurde, in Begleitung Ihrer k. und k. Hoheiten der durchlauchtigsten Frau Erzherzogin Marie Valerie und der durchlauchtigsten Herren Erzherzoge Ludwig Victor und Franz Salvator …*« (Wiener Abendpost vom 18. 7. 1898)

Oben: Der Zug der Radfahrer in Ischl vor der Kaiserloge und unten eine Teilnehmerin an einer Budapester Sportveranstaltung, Baronin Edelsheim anläßlich eines Radrennens im selben Jahr.

Die nach dem System der schweizerischen Rigi-Bahn gebauten Zahnradbahnen in Wien (oben) und Salzburg (oben re.), die auf den Kahlenberg beziehungsweise auf den Gaisberg führten. Im vordersten Fenster des Waggons der Gaisberg-Bahn sind Erzherzog Carl Ludwig und seine Ehefrau zu erkennen (beide Photos um 1886).

Von den privaten Fortbewegungsmitteln ist es nur ein kleiner Schritt zu den Massenverkehrsmitteln, deren Entwicklung einen ähnlichen Verlauf wie die der Automobile nahm: Die Dampflokomotive löste die Pferdeeisenbahn ab, in den Städten verkehrten statt der »Zeiserlwagen« bald nur noch Tramway-Bahnen (Straßenbahnen), die Postkutschen wurden durch Busse ersetzt, und selbst die Berge an den Rändern der Städte wurden mit neuartigen Fahrzeugen erschlossen. Seit den späten sechziger Jahren baute man in den Vereinigten Staaten Zahnradbahnen, die Steigungen bis zu 25 Prozent bewältigen konnten. In Europa wurde die erste derartige Gebirgsbahn 1871 in der Schweiz errichtet, die Österreicher wagten sich erst fünfzehn Jahre später an den Bau solcher Bahnen.

Noch eine Möglichkeit, den Berg zu bewältigen: mit elektrischem Aufzug. Karl Leitner, der Besitzer des Hotel Mönchstein in Salzburg, hatte ihn 1887 errichten lassen, um seinen Hotelgästen einen raschen Zugang zur Innenstadt zu ermöglichen.

Ein ganz unmilitärisches Ziel der Kamera: Schloß Klesheim (li.) aus einem Heißluftballon photographiert und ein Drachenballon mit Windsack (re.) bei der Jubiläumsausstellung 1898 in Wien.

Am Ende des 18. Jahrhunderts hatte sich ein uralter Menschheitstraum erfüllt: Mit der Erfindung des Heißluftballons hatten die Brüder Montgolfier als erste die Möglichkeit geschaffen, vom Erdboden abzuheben, zu fliegen und sich für einige Zeit in der Luft fortzubewegen. Im 19. Jahrhundert wurde diese Technik weiterentwickelt, die Ballons erhielten eine windschlüpfrigere Form und eine äußerst zweckmäßige Nutzung: Ab dem Jahr 1859 wurde hauptsächlich in militärischem Auftrag aus Fesselballonen photographiert. Die ursprüngliche Kugelform wurde zugunsten einer wurstförmigen Gestalt aufgegeben, zur Stabilisierung erhielt der sogenannte »Drachenballon« einen Windfang. Das war ein zusätzlich montierter Sack, der sich während der Fahrt selbsttätig mit Luft füllte und der als Steuerruder verwendet wurde.

Erzherzog Josef Ferdinand Salvator (aus der Linie der Großherzoge von Toskana) vor dem Abflug in Salzburg. Das Photo wurde zur Postkarte umfunktioniert und an Erzherzog Ludwig Victor geschickt: »Herzliche Grüße von den Lüften – 800 mt hoch. Dein treuer Neffe Josef.«

Ein Pionier der Luftfahrt aus dem Kaiserhaus: Erzherzog Josef Ferdinand Salvator anläßlich eines Ballonaufstiegs. »*Salzburg, 1. März. Heute Vormittag um 10 Uhr ist Se. k. und k. Hoheit der durchlauchtigste Herr Erzherzog Josef Ferdinand mit dem Ballon ›Margarete‹ aufgestiegen. An der Fahrt nahmen Hauptmann Hinterstoißner mit Gemahlin und Hauptmann Malina teil. Der Ballon schlug die Richtung gegen den Untersberg ein und verschwand sodann. Das Wetter ist klar, die Luft ruhig.*« (Wiener Abendpost vom 1. 3. 1912)

Erzherzog Josef Ferdinand Salvator besaß sogar einen eigenen Ballon und hatte damit schon 1909 den Weg von Linz nach Dieppe in Frankreich in 16stündiger Fahrt bewältigt. Er hatte wie die meisten Habsburger die militärische Laufbahn eingeschlagen, begann den Ersten Weltkrieg als General der Infanterie und Kommandeur der vierten Armee, wurde 1916 zum Generaloberst ernannt, dann wegen eines Rückschlages von Kaiser Franz Joseph beurlaubt, zuletzt aber von dessen Großneffen und Nachfolger, Kaiser Karl, wieder eingesetzt und zum Generalinspektor der Luftstreitkräfte ernannt.

Drachenballons im Kriegseinsatz: Gaserzeugung im Wald (oben) und der Transport eines Luftschiffs (unten).

Basierend auf dem Modell von Lilienthals Gleitflieger schuf der aus dem Sudetenland stammende Ignaz Etrich das erste motorbetriebene Flugzeug der österreichisch-ungarischen Monarchie. Ab 1909 führte er damit erfolgreich Flugversuche durch.

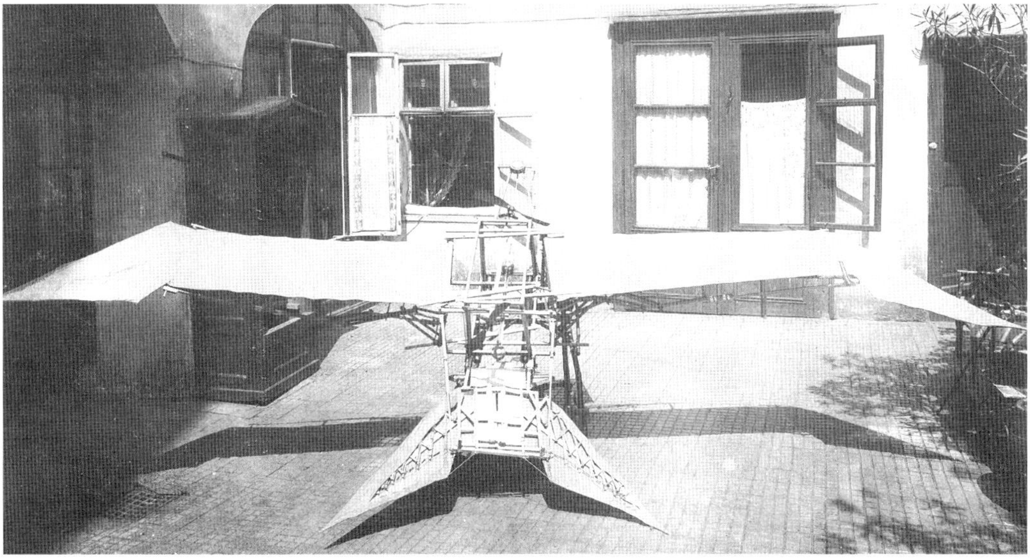

Etrich-Taube über dem Flugfeld von Wiener Neustadt (oben), dem Flugzentrum Österreichs, und der Schnappschuß eines ähnlichen Modells in einem Hinterhof (unten).

Ein weiterentwickelter Flieger, der Doppeldecker Adolf Warchalowskis, im Flug über Wien (Photomontage, oben) und eine seltene Aufnahme: Kaiser Franz Joseph (unten) läßt sich ein Fliegermodell erklären. Flugzeuge waren ihm wie anfänglich Automobile gar nicht geheuer.

Aussergewöhnliche Menschen

Wenn das Kapitel über Menschen, die im 19. Jahrhundert Besonderes leisteten, mit alltäglich scheinenden Erdenbürgern eingeleitet wird, so hat das, wie die meisten Absätze dieses Buches, einen tieferen Hintergrund. Es handelt sich bei genauer Betrachtung um Originale, die Berufe ausübten, die es heute zum Großteil nicht mehr gibt. Ganz abgesehen davon stammen die meisten von ihnen aus dem von der Kaiserfamilie so geliebten Ischl, weshalb sie für die Habsburger eine besondere Bedeutung hatten.

Links: Jaukl, ein Straßenkehrer in Ischl (1860), und rechts seine Grazer Kollegen (1864).

Zwei Ischler Originale – ein Kohlenbrenner (oben li.) und ein Branntweinsäufer (oben re.) – sowie der Nachtwächter und der Briefträger (unten li. u. re.) aus Ischl (alle Aufnahmen aus den sechziger Jahren).

Daß man nicht nur im Zeitalter der fortgeschrittenen Medizin ein hohes Alter erreichen kann, beweisen die folgenden Bilder.

Das Ehepaar Cajetan und Anna Thaller aus Landl in Tirol, das am 5. Februar 1911 seine Goldene Hochzeit (fünfzig Jahre Eheleben) feierte.

Links: Eine 102 Jahre alte Ischlerin (1892) und unten ein Alterskollege aus Indien: vermutlich der in der Bildmitte der vorderen Reihe sitzende Mann (aufgenommen in London 1886).

»Ein 75jähriger Mann, der 1900 in Abbazia zum ersten Mal ins Wasser ging.« So lautet die handschriftliche Bemerkung Erzherzog Ludwig Victors auf der Rückseite des Photos. Ihm und seinen Brüdern muß das seltsam vorgekommen sein, da sie im Kindesalter schwimmen gelernt hatten und den Sport bis an ihr Lebensende regelmäßig ausübten.

So sah das Badepublikum um die Jahrhundertwende aus: Wenn man im Schwimmbecken schon nicht nach Geschlechtern getrennt war, war man beinahe so gekleidet wie im Freien. Bemerkenswert sind die Badekostüme der Damen – mit Krägen, Jabots und Hüten.

Ein chinesischer Riese (mit normalgewachsenem Landsmann, oben), Mary Spark, das »mooshaarige Mädchen« aus Amerika, rechts, und eine junge Schwarze (gegenüberliegende Seite).

Eine Menge besonderer Menschen kamen mit den großen Zirkussen ins Land. In Deutschland gab es seit der Mitte des 19. Jahrhunderts die ersten – zunächst seßhaften – Unternehmen, von denen der Seiltänzer Ernst Jakob Renz eines der bedeutendsten leitete. In den vierziger Jahren begann er, in Berlin, Brüssel, Kopenhagen, Bremen, Hamburg und Wien (in der danach benannten Zirkusgasse) feste Zirkusgebäude zu errichten, in denen regelmäßig Vorstellungen liefen. Gegen Ende des Jahrhunderts wurden diese Betriebe durch Wanderzirkusse abgelöst. »Hagenbeck« und »Barnum« aus den USA, die bekanntesten unter ihnen, gastierten oftmals in Wien und zeigten Akrobaten, Tierbändigernummern und in eigenen Schauen exotische Menschen. Daß schwarz-, rot- und gelbhäutige Personen (leider auch Mißgebildete) öffentlich »vorgeführt« wurden, mutet heute gefühllos und unmenschlich an, war damals aber für den Großteil der Europäer die einzige Möglichkeit, mit Exoten und »andersartigen Menschen« in Kontakt zu treten.

Zwei weißhäutige Riesen (oben u. re.): Gizonda das Riesenmädchen (um 1860/64) und der enorm große »Wilkins the Giant« (1896), der das Photo auf der Rückseite mit einer Widmung versah.

Oben: Ausschnitte aus den Nummern des Seilakrobaten Blondini, der 1864 in Wien auftrat, und unten die Schlangenbändigerin des Zirkus Hagenbeck (1892).

Aus der Welt der Musik und der darstellenden Kunst: Zwei Wunderkinder – der zwölfjährige Violinvirtuose D'Engremont und der etwa vierjährige Zitherspieler Gaetano Zamara – sowie (auf der gegenüberliegenden Seite) ein erwachsener Kollege vom Theater, der Schauspieler Hofbauer, der am Münchner Gärtnertortheater nicht nur spielte, sondern auch Strümpfe strickte (1882).

Auf völlig andere Art machten diese beiden Menschen von sich reden: Fräulein Berger war die Siegerin eine Schönheitswettbewerbes in Wien (1890), und der Abgeordnete Bacher (?, Name schwer leserlich) sprac während einer Parlamentssitzung im Jahr 1897 zwölf Stunden lang.

Ein schlanker, zäher und muskulöser Körper, ein gutes Pferd, Durchhaltevermögen und ein gewisses Maß an Abenteuerlust waren die wichtigsten Voraussetzungen, um sich für den Distanzritt Wien-Berlin bewerben zu können, sportliche Höchstform die Grundlage, ihn zu bewältigen. Die Teilnehmer, die sich zu dieser Rennveranstaltung meldeten, entstammten zwar hauptsächlich militärischen Reitereinheiten, mußten aber dennoch wochenlang trainieren, um die Strecke mit *einem* Pferd bewältigen zu können.

Ein Teilnehmer am Start zum Distanzritt Wien-Berlin (1892).

Roda-Roda, der scharfzüngige Beobachter der österreichisch-ungarischen Monarchie und ihres Heerwesens, scheint die Vorbereitung eines Kollegen beobachtet zu haben, die ihn zu der Satire *Sport* anregte:

» … *›Wissen die Herrschaften schon? Es ist ein Distanzritt in Aussicht.‹*
›Wien-Berlin?‹ fragte Gusti.
›Ja, Wien-Berlin.‹
›On der Schtanzritt teilig ich mich be‹, rief Nazi, der ein Ungar ist, begeistert.
Alle lachten, nur Gusti blieb ernst, parierte ein wenig (wehrte ab), *winkte mich aus dem Rudel heraus und sagte leise: ›Du – Wien-Berlin – denk einmal! So lang hab ich mir das gewünscht! Du mußt mir augenblicklich die Propositionen verschaffen, wenn sie schon heraußen sind.‹*
›Willst du denn nennen?‹
›Frage – !‹
›Was willst du nennen?›
›Na – die Jultscha.‹
›Die geht dir ja bei Floridsdorf ein‹ (an der Stadtgrenze von Wien).
Gusti schwieg und lächelte.

Natürlich sprach es sich in der Brigade bald herum, daß Gusti genannt habe und trainiere. Allgemein sagte man: es ist ein Wahnsinn. Erstens war die Jultscha überhaupt kein Klaßpferd (sic) *… und Gusti selber – ja, du lieber Himmel! – er ist ein sehr lieber Mensch und spielt ausgezeichnet Klavier – aber reiten tut er wie eine Wildsau … Indessen scherte sich Gusti den blauen Teufel darum, ob sich alle das Maul zerrissen oder nicht, und trainierte weiter. Er pumpte seinen Onkel um ein paar hundert Gulden an und verschrieb sich Oxfield* (einem Trainer) *aus Pest, der en vogue war. – Mister Oxfield arbeitete Jultscha zuerst täglich zwei Stunden guten Trab, später immer mehr, und brachte Gusti von 78,3* (Kilo) *auf 67,5, so daß der arme Teufel aussah wie der Sohn vom Skelettmenschen aus der Sarah Bernhardt* (einem Theaterstück) …«
(in: Roda-Roda, Eines Esels Kinnbacken, Leipzig 1922)

Graf Wilhelm Starhemberg, der Gewinner des Distanzrittes Wien-Berlin im Jahr 1892.

Distanzritt Wien–Berlin: Eindrücke am Rand der Veranstaltung.

Phototechnisch Interessantes

Zum Abschluß ein paar Aufnahmen, die auf Tricks basieren und von Fertigkeit und Gewandtheit der frühen Photokünstler zeugen. Sie sind zwar nicht alle von gleich guter Qualität, entspringen aber zumindest demselben Gedanken: den Betrachter zu unterhalten.

Die »Visitenkarte« eines Geisterbeschwörers (li.) und rechts ein Mann, der Köpfe jongliert (beide Aufnahmen aus dem Jahr 1863).

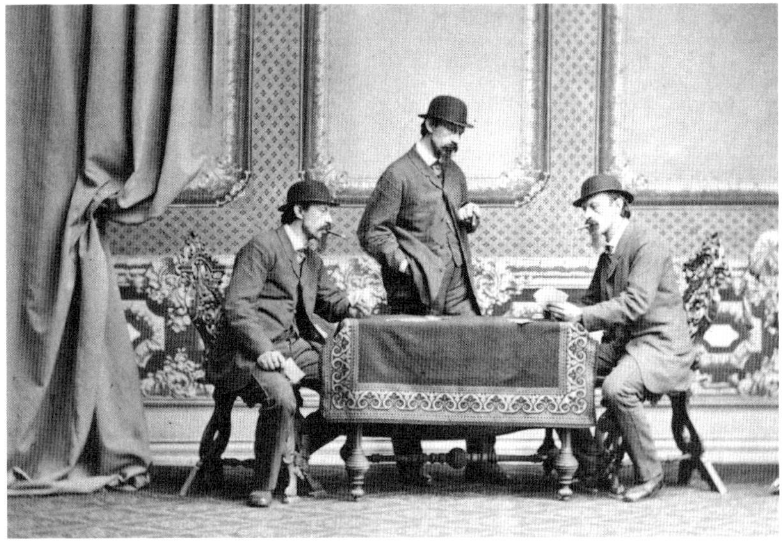

Graf Imre Széchenyi, Gesandter in Rom, »lüpft« seinen Kopf (1864), und das Dreifachporträt des Photographen Victor Angerer, der mit sich selbst Karten spielt und als Beobachter »kibiezt« (1866).

Links: Die Schauspielerin Antonia Link (mit ihrer Schwester) sieht sich selbst in einer Strauß-Operette zu (1878) und rechts eine unbekannte Schöne, die sich erfolglos mühte, der Nachwelt in Erinnerung zu bleiben: Sie ließ sich als Büste darstellen und ist trotzdem in Vergessenheit geraten.

Vom Stand der Phototechnik eine der interessantesten Aufnahmen: das Titelbild des Mannes, der über ein Seil springt. Es stammt aus einer Zeit, als man unendlich lange Belichtungszeiten benötigte, um Menschen zu photographieren, weshalb die Porträts steif und unnatürlich gerieten. Sobald jemand während der Sitzung ungeduldig wurde und sich bewegte, »verschwand« er aus dem Bild, zumindest aber wurde die Aufnahme verschwommen.

Das Meisterwerk eines Photokünstlers des vorigen Jahrhunderts: Graf Muchy Kinsky springt über ein Seil (um 1880).

In einen Grenzbereich der Photographie fallen drei der letzten Aufnahmen dieses Bandes. Sie wurden durch die Erfindung der Röntgenstrahlen (1895) ermöglicht, benötigten zu ihrer Fertigstellung aber die Hilfe der Phototechnik. Das seit der Jahrhundertwende eingesetzte Verfahren des »Röntgenisierens« faszinierte wissenschaftlich interessierte Menschen, so daß auch ein Schriftsteller wie Thomas Mann davon nicht unbeeindruckt blieb. Er war von der neuen Technik so begeistert, daß er sich in seinem Roman *Der Zauberberg* damit auseinandersetzte.

»›... *Hier, haben Sie meine Privatgalerie schon gesehen?*‹ Und (der Arzt) *zog Hans Castorp am Arm vor die Reihen der dunklen Gläser, hinter denen er knipsend Licht einschaltete. Da erhellten sie sich, zeigten ihre Bilder. Hans Castorp sah Gliedmaßen: Hände, Füße, Kniescheiben, Ober- und Unterschenkel, Arme und Beckenteile. Aber die rundliche Lebensform dieser Bruchstücke des Menschenleibes war schemenhaft und dunstig von Kontur; wie ein Nebel und ein bleicher Schein umgab sie ungewiß ihren klar, minutiös und entschieden hervortretenden Kern, das Skelett.*

›Sehr interessant‹, sagte Hans Castorp.

›Das ist allerdings interessant!‹, erwiderte der Hofrat. ›Lichtanatomie, verstehen Sie, Triumph der Neuzeit. Das ist ein Frauenarm, Sie ersehen es aus seiner Niedlichkeit. Damit umfangen sie einen beim Schäferstündchen, verstehen Sie.‹ Und er lachte, wobei seine Oberlippe mit dem gestutzten Schnurrbärtchen sich einseitig höher schürzte. Die Bilder erloschen. Hans Castorp wandte sich zur Seite, dorthin, wo Joachims (seines Vetters) *Innenaufnahme sich vorbereitete.*

Es geschah vor jenem Einbau, an dessen anderer Seite der Hofrat anfangs gestanden. Joachim hatte auf einer Art von Schustersessel vor einem Brett Platz genommen, gegen das er die Brust preßte, wobei er es außerdem mit den Armen umschlang; und mit knetenden Bewegungen verbesserte der Gehilfe seine Stellung, indem er Joachims Schultern weiter nach vorne drückte, seinen Rücken massierte. Hierauf begab er sich hinter die Kamera, um, wie irgendein Photograph, gebückt, breitbeinig, die Ansicht zu prüfen, drückte seine Zufriedenheit aus, mahnte Joachim, beiseite gehend, tief einzuatmen und, bis alles vorüber, die Luft anzuhalten.

Joachims gerundeter Rücken dehnte sich und blieb stehen. In diesem Augenblick hatte der Gehilfe am Schaltbrett den nötigen Handgriff getan. Zwei Sekunden lang spielten fürchterliche Kräfte, deren Aufwand erforderlich war, um die Materie zu durchdringen, Ströme von Tausenden Volt, von hunderttausend, Hans Castorp glaubte sich zu erinnern. Kaum zum Zwecke gebändigt, suchten die Gewalten auf Nebenwegen sich Luft zu machen. Entladungen knallten wie Schüsse. Es knatterte blau am Meßapparat. Lange Blitze fuhren knisternd die Wand entlang. Irgendwo blickte ein rotes Licht, einem Auge gleich, still und drohend in den Raum, und eine Phiole in Joachims Rücken füllte sich grün. Dann beruhigte sich alles; die Lichterscheinungen verschwanden, und Joachim ließ seufzend den Atem aus. Es war geschehen.« (Der Zauberberg, Berlin 1924, 5. Kapitel)

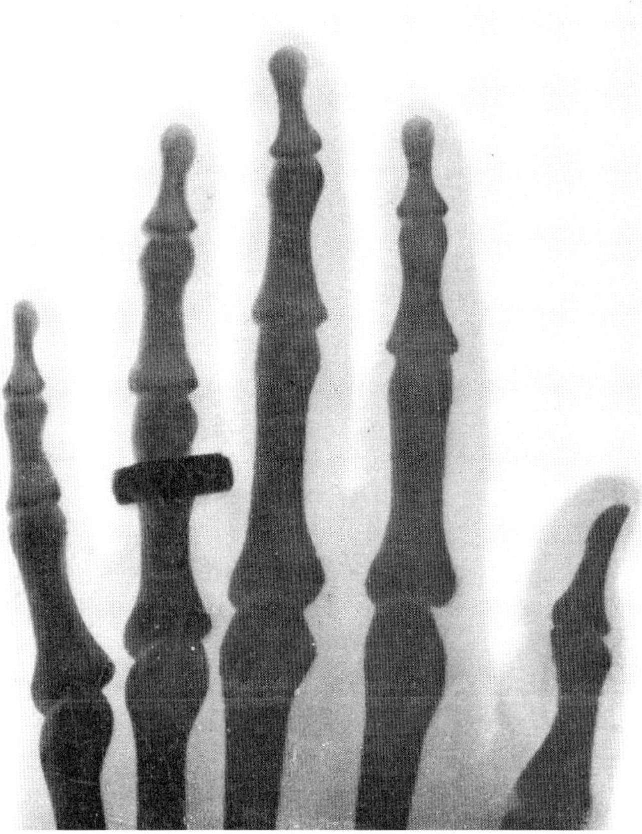

Röntgenbild einer Frauenhand (der schwarze Querstreifen am Finger stammt von einem Ring).

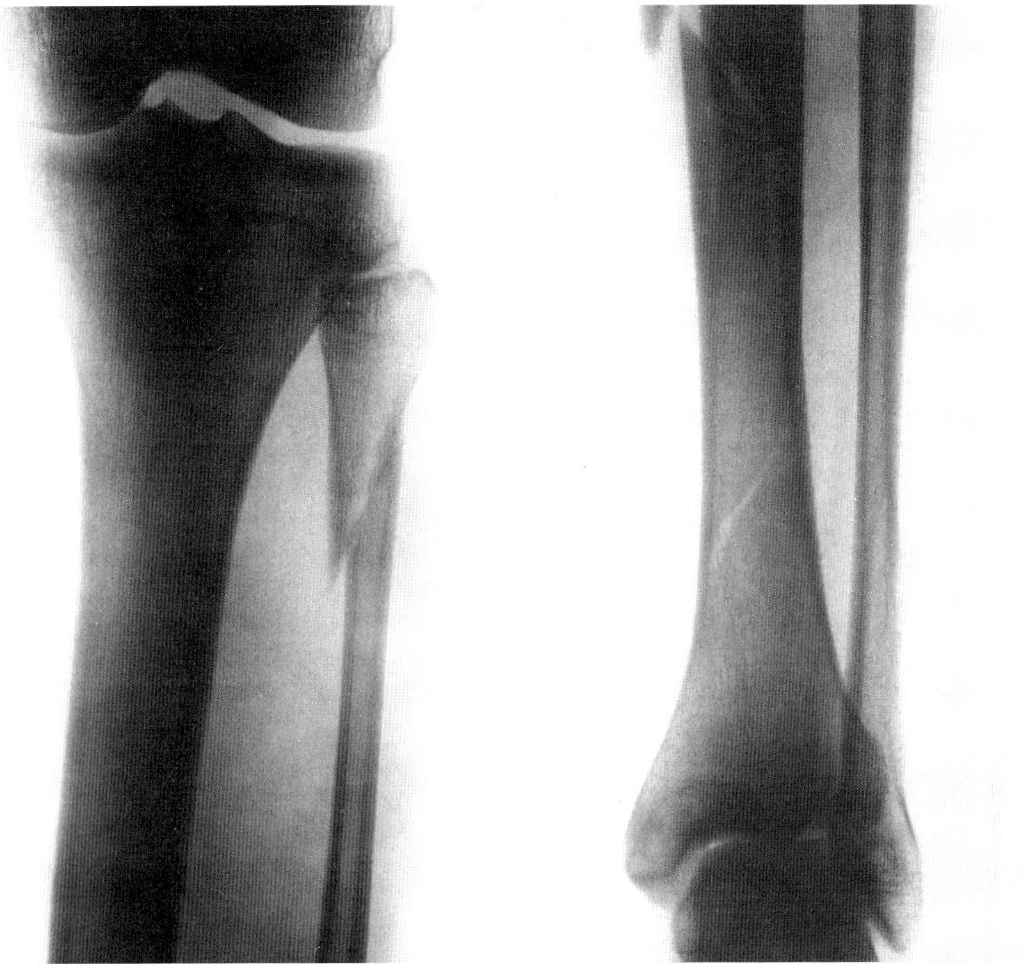

Röntgenbilder eines Mehrfachbruchs – der Verunfallte war Erzherzog Carl Franz Joseph, der spätere letzte Kaiser von Österreich. Er war am Neujahrstag des Jahres 1906 beim Eislaufen niedergestoßen worden.

Carl Franz Joseph, der spätere Kaiser Karl, war der älteste Enkel Erzherzog Carl Ludwigs und damit Großneffe Kaiser Franz Josephs und Erzherzog Ludwig Victors. Er war ein sportlicher Junge, der Schlittschuh lief, rodelte, ritt, wanderte und Tennis spielte. Nach dem Unfall am Tennisplatz mußte er die sportlichen Aktivitäten einschränken, da der Bruch nicht gut verheilte. Der Kaiser hatte bis an sein Lebensende ein steifes Bein, das er leicht nachschleifte.

Typische Habsburger Familienbilder: Links der zärtliche Großvater Erzherzog Carl Ludwig (der seinem Bruder Franz Joseph im Alter frappierend ähnlich sah) mit dem Enkel Carl Franz Joseph, und oben Erzherzog Otto mit seinem kleinen Sohn in Kinderuniform.

Ein Schnappschuß aus der Kamera des Vaters: Carl Franz Joseph am Tennisplatz, ein paar Jahre vor dem Unfall auf dem Eislaufplatz.

Zwei Aufnahmen aus der Zeit des Ersten Weltkriegs: Der leidenschaftliche Gärtner Kaiser Karl beim Schneiden von Buxbäumen und während eines Besuchs im böhmischen Erzgebirge.

Zeittafel

1792 kommt Erzherzog Ferdinand (später: Kaiser Ferdinand I.) als erster Sohn von Kaiser Franz II./I. zur Welt.

1802 wird Erzherzog Franz Carl, der Vater Erzherzog Ludwig Victors, als zweiter Sohn Kaiser Franz' II./I. geboren.

1805 Geburt der eineiigen Zwillinge Sophie und Marie, zweier Töchter König Maximilians I. von Bayern. Prinzessin Sophie wird die Mutter Erzherzog Ludwig Victors.

1824 heiratet Erzherzog Franz Carl Prinzessin Sophie von Bayern.

1830 kommt nach fünf Fehlgeburten Erzherzogin Sophies der erste Sohn, Erzherzog Franz Joseph (der spätere Kaiser), zur Welt.

1832 wird der zweite Sohn, Erzherzog Ferdinand Maximilian, der spätere Kaiser von Mexiko, geboren.

1833 Geburt des dritten Sohnes, Erzherzog Carl Ludwig.

1835 kommt die einzige Tochter Erzherzogin Sophies zur Welt: Erzherzogin Maria Anna.

1840 stirbt Erzherzogin Maria Anna, wenig später wird ein Bruder totgeboren.

1842 Geburt Erzherzog Ludwig Victors, des letzten Kindes von Erzherzogin Sophie.

1848 wird Erzherzog Franz Joseph, der älteste Bruder Erzherzog Ludwig Victors, Kaiser von Österreich.

1854 heiratet Kaiser Franz Joseph Elisabeth, Herzogin in Bayern und Prinzessin von Bayern.

1856 Geburt Erzherzogin Giselas, einer Tochter Kaiser Franz Josephs, der Lieblingsnichte Erzherzog Ludwig Victors, und
erste Heirat Erzherzog Carl Ludwigs mit Prinzessin Margarethe von Sachsen, die nach nur zwei Ehejahren kinderlos verstirbt.

1857 Heirat Erzherzog Ferdinand Maximilians mit Prinzessin Charlotte von Belgien.

1858 Geburt Kronprinz Rudolfs, des einzigen Sohnes von Kaiser Franz Joseph.

1861 bezieht Erzherzog Ludwig Victor Schloß Klesheim in Salzburg.

1862 zweite Heirat Erzherzog Carl Ludwigs mit Prinzessin Maria Annunziata von Bourbon-Sizilien. Sie wird die Mutter seiner drei Söhne und einer Tochter. Maria Annunziata stirbt 1871.

1863 kommt der erste Sohn Erzherzog Carl Ludwigs, der spätere Erzherzog-Thronfolger Franz Ferdinand, zur Welt.

1865 wird der zweite Sohn Erzherzog Carl Ludwigs, Erzherzog Otto, geboren, der Vater Kaiser Karls und Lieblingsneffe Erzherzog Ludwig Victors.

1866 überträgt Kaiser Franz Joseph Schloß Klesheim in den Besitz seines Bruders, Erzherzog Ludwig Victor.

1867 wird Erzherzog Ferdinand Maximilian, der in Mexiko als Kaiser Maximilian regiert hatte, standrechtlich erschossen.

1868 Geburt Erzherzogin Marie Valeries, der jüngsten Tochter Kaiser Franz Josephs, und des dritten Sohnes von Erzherzog Carl Ludwig: Erzherzog Ferdinand.

1870 kommt die erste Tochter Erzherzog Carl Ludwigs zur Welt: Erzherzogin Margarethe.

1872 stirbt Erzherzogin Sophie, die Mutter Erzherzog Ludwig Victors.

1873 heiratet Erzherzogin Gisela, die Tochter Kaiser Franz Josephs, Prinz Leopold von Bayern (sie wird Mutter von zwei Söhnen und zwei Töchtern) und
dritte Heirat Erzherzog Carl Ludwigs mit Prinzessin Maria Theresia von Braganza.

1876 Geburt Erzherzogin Maria Annunziatas, der zweiten Tochter Erzherzog Carl Ludwigs aus dritter Ehe.

1878 Tod Erzherzog Franz Carls, des Vaters von Erzherzog Ludwig Victor und
Geburt Erzherzogin Elisabeths, der jüngsten Tochter Erzherzog Carl Ludwigs.

1881 heiratet Kronprinz Rudolf Prinzessin Stephanie von Belgien.

1883 Geburt Erzherzogin Elisabeths, der einzigen Tochter Kronprinz Rudolfs.

1886 Hochzeit Erzherzog Ottos, des zweiten Sohnes Erzherzog Carl Ludwigs, mit Prinzessin Maria Josefa von Sachsen.

1887 Geburt Erzherzog Carl Franz Josephs, des ältesten Sohns von Erzherzog Otto. Er wird als Karl I. Österreichs letzter Kaiser.

1890 Heirat Erzherzogin Marie Valeries, Tochter Kaiser Franz Josephs, mit Erzherzog Franz Salvator aus der Linie Österreich-Toskana. Der Ehe werden insgesamt neun Kinder entspringen.

1893 heiratet Erzherzogin Margarethe, die älteste Tochter Erzherzog Carl Ludwigs, Herzog Albrecht von Württemberg. Sie wird Mutter von drei Söhnen und drei Töchtern.

1896 Tod Erzherzog Carl Ludwigs.

1900 heiratet Erzherzog-Thronfolger Franz Ferdinand Gräfin Sophie Chotek.

1901 wird die Lehener Brücke in Salzburg »Ludwig Victor-Brücke« genannt.

1903 Hochzeit Erzherzogin Elisabeths, der jüngsten Tochter Erzherzog Carl Ludwigs, mit Prinz Aloys von und zu Liechtenstein. Ihr Sohn Franz Josef, späterer Fürst von Liechtenstein, wird der Vater des jetzt regierenden Fürsten Hans Adam.

1906 Eislaufunfall Erzherzog Carl Franz Josephs (später: Kaiser Karl I.), bei dem er sich einen Mehrfachbruch zuzieht.

1909 heimliche Eheschließung Erzherzog Ferdinands, des dritten Sohnes von Erzherzog Carl Ludwig, mit Bertha Czuber, der Tochter eines Universitätsprofessors.

1911 heiratet Erzherzog Carl Franz Joseph (später: Kaiser Karl I.) Prinzessin Zita von Bourbon-Parma.

1916 stirbt Kaiser Franz Joseph. Sein Großneffe, Erzherzog Carl Franz Joseph, wird als Kaiser Karl I. der letzte Habsburger Regent Österreichs.

1919 stirbt Erzherzog Ludwig Victor als letztes seiner Geschwister in Salzburg.

Karl V., deutscher Kaiser
(1500–1558)
ꝏ Prinzessin Isabella von Portugal
(1503–1539)

Großneffe:
Rudolf II., deutscher Kaiser
(1552–1612)

Ururururgroßneffe:
Leopold II., deutscher Kaiser (1747–1792)
ꝏ Infantin Maria Ludovika von Spanien (1745–1792)

Franz II., deutscher Kaiser,
als Franz I. Kaiser von Österreich (1768–1835)
ꝏ 2. Prinzessin Maria Theresia von Bourbon-Sizilien (1772–1807)
ꝏ 4. Prinzessin Caroline Auguste von Bayern (1792–1873)

Ferdinand I., Kaiser von Österreich (1793–1875)
ꝏ Prinzessin Maria Anna von Sardinien (1803–1884)

Franz Carl, Erzherzog von Österreich (18
ꝏ Prinzessin Sophie von Bayern (1805–

Franz Joseph I.,
Kaiser von Österreich
(1830–1916)
ꝏ Prinzessin Elisabeth
von Bayern
(1837–1898)

Ferdinand Maximilian,
Kaiser von Mexiko
(1832–1867)
ꝏ Prinzessin Charlotte
von Belgien (1840–1927)

Carl Ludwig,
Erzherzog von Österreich
(1833–1896)
ꝏ 2. Prinzessin Maria
Annunziata
von Bourbon-Sizilien
(1843–1871)
ꝏ 3. Prinzessin Maria
Theresia von Braganza
(1855–1944)

Maria Anna,
Erzherzogin von
Österreich
(1835–1840)

Ludwig Victo
Erzherzog von Ö
reich
(1842–1919)

Erzherzog
tot geboren
(1840)

Gisela,
Erzherzogin
von Österreich
(1856–1930)
ꝏ Prinz Leopold
von Bayern
(1846–1930)

Marie Valerie,
Erzherzogin
von Österreich
(1868–1924)
ꝏ Franz Salvator,
Erzherzog von
Österreich-Toskana

Rudolf, Kronprinz von Österreich
(1858–1889)
ꝏ Prinzessin Stephanie von Belgien
(1864–1945)

Elisabeth,
Erzherzogin
von Österreich
(1883–1963)
ꝏ Prinz Otto von
Windischgraetz
(1873–1952)

Franz Ferdinand,
Erzherzog–Thronfolger
von Österreich
(1863–1914)
ꝏ Gräfin Sophie
Chotek
(1868–1914)

Ferdinand,
Erzherzog
von Österreich
(1868–1915)
ꝏ Berta Czuber
(1879–1979)

Maria
Annunziata,
Erzherzogin
von Österreich
(1876–1961)

Elisabeth, E
gin von Ös
(1878–1
ꝏ Prinz
von und zu
tenste
(1869–1

Otto,
Erzherzog von Österreich
(1865–1906)
ꝏ Prinzessin Maria Josefa
von Sachsen
(1867–1944)

Margarethe,
Erzherzogin von Österreich
(1870–1902)
ꝏ Herzog Albrecht von
Württemberg

Karl I., Kaiser von Österreich
(1887–1922)
ꝏ Prinzessin Zita von Bourbon-Parma
(1892–1989)

Maximilian,
Erzherzog von Österreich (1895–1952
ꝏ Prinzessin Franziska zu Hohenloh
Waldenburg-Schillingfürst

Linie Toskana

Ferdinand III., Großherzog von Toskana
(1769–1824)
∞ Prinzessin Luisa von Bourbon-Sizilien
(1773–1802)

Carl, Erzherzog von Österreich, Hoch- und Deutschmeister, Herzog von Teschen
(1771–1847)
∞ Prinzessin Henriette von Nassau-Weilburg
(1797–1829)

Albrecht,
Erzherzog von Österreich,
Herzog von Teschen
(1815–1895)
∞ Prinzessin Hildegard von Bayern
(1825–1864)

Karl Ferdinand,
Erzherzog von Österreich
(1818–1874)
∞ Elisabeth, Erzherzogin von Österreich
(1831–1903)

Wilhelm,
Erzherzog von Österreich,
Hoch- und Deutschmeister
(1827–1894)

Enkel:
-erdinand IV.,
neller Großherzog
von Toskana
(1835–1908)
. Prinzessin Alix
Bourbon-Parma
(1849–1935)

Maria Theresia,
Erzherzogin von Österreich
(1845–1927)
∞ Herzog Philipp von Württemberg
(1838–1917)

Friedrich,
Erzherzog von Österreich
(1856–1936)
∞ Prinzessin Isabella von Croy
(1856–1931)

Christine,
Erzherzogin von Österreich
(1858–1929)
∞ König Alfons XII. von Spanien
(1857–1885)

Enkel:
Karl Salvator,
Erzherzog von Österreich
(1839–1892)
∞ Prinzessin Maria Immakulata von Bourbon–Sizilien
(1844–1899)

Franz Salvator,
Erzherzog von Österreich
(1866–1939)
∞ Marie Valerie, Erzherzogin von Österreich

Albrecht,
Herzog von Württemberg
(1865–1939)
∞ Margarethe, Erzherzogin von Österreich

Maria Anna,
Erzherzogin von Österreich
(1882–1940)
∞ Prinz Elias von Bourbon-Parma
(1880–1959)

-osef Salvator,
-zog von Österreich
(1872–1942)
imal in hausgesetz-
nicht anerkannten
-en verheiratet

Heinrich Salvator,
Erzherzog von Österreich
(1878–1969)
∞ einmal in nicht legitimer Ehe verheiratet

Anna, Erzherzogin von Österreich
(1879–1961)
∞ Johannes, Fürst zu Hohenlohe-Bartenstein-Jagstberg
(1863–1921)

Die Stammtafel ist vereinfacht dargestellt und bezieht sich nur auf die im Buch besprochenen Personen.

Bildnachweis:

Alles im Buch veröffentlichte Bildmaterial sowie die Abbildung auf dem Schutzumschlag entstammen einem Privatarchiv.

Umschlaggestaltung: Wolfgang Heinzel
Herstellung und Satz: VerlagsService Dr. Helmut Neuberger
& Karl Schaumann GmbH, Heimstetten
Gesetzt aus der 12/16,2 Punkt Goudy
Druck und Binden: Wiener Verlag, Himberg bei Wien
Printed in Austria
ISBN 3-85002-438-5